質暗生形
量四靈果
經紀褆物

经星辰

纪四时

神灵生

物异形

这就是山海经

陈连山 叶舒宪 等著
花花生生 绘

清华大学出版社
北京

图书在版编目(CIP)数据

这就是山海经 / 陈连山等著；花花生生绘 .

北京：清华大学出版社，2024. 10. -- ISBN 978-7-302

-67452-8

　　Ⅰ. K928.626-49

中国国家版本馆 CIP 数据核字第 2024P2Q326 号

责任编辑：张立红
封面设计：钟　达　木　水
版式设计：郭维维
责任校对：卢　嫣
责任印制：杨　艳

出版发行：清华大学出版社
　　　　　　网　　　址：https://www.tup.com.cn，https://www.wqxuetang.com
　　　　　　地　　　址：北京清华大学学研大厦 A 座　　　　　　**邮　　编**：100084
　　　　　　社 总 机：010-83470000　　　　　　　　　　　　　**邮　　购**：010-62786544
　　　　　　投稿与读者服务：010-62776969，c-service@tup.tsinghua.edu.cn
　　　　　　质 量 反 馈：010-62772015，zhiliang@tup.tsinghua.edu.cn
印 装 者：涿州汇美亿浓印刷有限公司
经　　销：全国新华书店
开　　本：170mm×240mm　　　**印　张**：14.25　　**插 页**：2　　**字　数**：197 千字
版　　次：2024 年 12 月第 1 版　　　**印　次**：2024 年 12 月第 1 次印刷
定　　价：98.00 元

产品编号：100373-01

人 文 篇　陈连山

探寻《山海经》的身世之谜

地 理 篇　孙晓琴

气势磅礴的山川河流

神话篇　叶舒宪

推开洪荒世界的大门

异兽篇　张劲硕

徒步荒野山林的偶遇

草木篇　李仕琼

揭秘草木背后的秘密

人文篇

陈连山

探寻《山海经》的
身世之谜

《山海经》是怎样一部古代奇书？

20 世纪以来，中国的文化生活模式、思维模式发生了非常大的变迁，人们对于古代经典的认识和评价也发生了巨大的变化。有些经典的社会地位稳步上升，比如过去不登大雅之堂的戏曲、小说，都随着新文化运动，成为越来越受人重视的一种文学形式，地位逐步提高；还有一些著作的社会地位在下降，比如各种宗教著作，古人对于宗教很重视，现在无神论发展起来了，宗教性书籍的地位就下降了；还有一类经典的地位时上时下、变化不定，比如儒家经典，"五四"新文化运动喊出口号"打倒孔家店"，儒家的书被人瞧不起，但是随着近几年的"国学热"，儒家的著作又重新被人们重视起来。

《山海经》是个例外，跟前面几种情况都不一样。在古代，虽然它被称作"经"，但是被大家看作志怪小说，不能登大雅之堂。"五四"新文化运动之后，《山海经》才被当成了神话宝库，成了中国文学的源头，所以它的社会地位是

"一步登天"的。

《山海经》究竟是什么性质的书?

那么命运突然发生重大变化、"一步登天"的《山海经》究竟是本什么样的书?是神话宝库还是地理志?

首先,我们来谈一谈《山海经》的性质。《山海经》是中国最早的地理志,现存的《山海经》共18卷,主要包括三大部分:第一部分是《山经》(也叫《五藏山经》)5卷,第二部分是《海经》8卷(包括《海外四经》《海内四经》),第三部分是《荒经》和单篇《海内经》5卷,加在一起是18卷,总字数大约31000字。

目前可见的最早版本是南宋时期著名"四大诗人"之一尤袤的刻本《山海经传》(意为《山海经》注解),"传"是指郭璞(两晋时期著名文学家、训诂学家)对《山海经》作的注解,目前仅存孤本,保存在国家图书馆;其次是元代书法家曹善的抄本《山海经》,作为书法作品保存下来,保存在中国台湾故宫博物院。此后,明清时代的版本有数十种,以上版本都是18卷,内容基本一致。

我们先从现在可见的最早的《山海经》的版本开始讲起,西汉伟大史学家司马迁的《史记》最早记录了《山海经》的书名。在司马迁之后,到了西汉末年,刘歆(西汉经学家)整理了国家图书馆的图书,第一次对《山海经》进行了全面整理,因为这是个特别重要的工作,所以整理完了之后他上呈给皇帝阅览。

《山海经》的作者是谁?

再往上追溯,《山海经》的作者是谁?刘歆在整理完《山海经》之后,写了一篇《上〈山海经〉表》，探讨了《山海经》一书的作者。他认为这本书的作者是协助大禹治水的益和伯翳。大禹是中国古史传说中奠定了夏王朝的圣人。传说在舜帝时代，洪水泛滥，大禹率领益和伯翳等人，足迹遍布天下，三过家门而不入，彻底治理了洪水。大禹还为天下的名山大川逐一命名，那些小的山川河流就由益和伯翳来命名，碰到特殊的植物、动物，也由益和伯翳来辨别它们的性质。

益和伯翳跟着大禹走遍了天下，把他们的见闻记录下来，这就是《山海经》。按照古史传说，没有任何一个人的经历能超过大禹以及大禹的部下，大禹的助手在大禹治水过程中把见闻记录下来，写成了《山海经》。但是考古学到目前为止，还没有发现夏朝的文字。大禹是夏朝之前为夏朝奠定基础的人，整个夏朝都没文字，夏朝之前怎么可能有文字？没有文字，益和伯翳又是怎样写成《山海经》这本书的？所以，刘歆的说法是一种传说，传说并不可信。

那么，《山海经》的作者到底是谁？学术界对此颇有争论。我认为可能是周天子手下的一批官员，过去叫"王官"，《山海经》是这些王官创作的。在春秋战国时代，《山海经》又被后人修订、补充，最后可能成书于战国时代。但学术界有的人说是在战国中期，有的人说是在战国晚期，甚至还有个别人说是在汉代。《山海经》在汉代成书是不成立的，普遍认为该书是在战国时代最后定稿的。但是在之前有一个很漫长的创作、修订的过程，所以大致上说《山海经》应该是周代人创作的。

"山海经"三个字是什么意思？

《山海经》是从周代开始创作的，到战国时期完成，这个书名究竟是什么意思？"山"就是山峰、山脉，"海"字面上讲是大海。因为上古时期，按照《山海经》的说法，大地基本上是方形的，南北长 26000 里，东西长

28000里。四条边在过去叫四极，现在地球只有两极——南极和北极，因为地球已经被证明是球状的。过去人们心目中认为大地是平的，是方形的平面，因此它就有四条边，也就是四极。

那么四极之外是什么？四极之外就是海洋：东海、西海、南海、北海。"海"字面上讲是海洋，但是海洋跟大地的边缘连在一起，所以《山海经》的"海"，是远方靠近大海的那些土地，所以就叫"海荒之地"。西周时候的首都是镐京（现在的陕西西安），东周时候的首都是洛邑（现在的河南洛阳），西安和洛阳是中心，遥远的"四海之地"就是离陕西、河南比较远的地方，被称作"海"，"海荒之地"。

"经"字原来的意思是织布时纵向的线，横向的线叫纬，"经纬"就是纵向的线和横向的线编织在一起，可以织成布。但是《山海经》的"经"字是经界的意思，即划分地理界限、地理区划。

所以"山海经"三个字合在一起，就是关于山脉和远方海荒之地的地理区划和地理分界。这是"山海经"三个字最初的含义。但"经"字到了汉朝以后，开始有了经典的含义，从纵向丝线的意思引申出"经典"的意思。比如《尚书》到了汉朝就被尊称为《书经》，《诗三百》到了汉朝就被尊称为《诗经》，《周易》到了汉代之后就被尊称为《易经》，因此《山海经》的"经"字就被汉朝人理解为关于山海的经典。

《山海经》为何从地理志变成志怪小说？

《山海经》究竟是什么性质的书？

《山海经》究竟是什么性质的书？它是周代政府编纂的地理志，其中《五藏山经》是自然地理志，《海经》和《荒经》则是人文地理志。

何以见得？《山经》的写法一般是这样的：某处有某山，山上有什么矿物，有没有玉石，有没有朱砂，有没有金银铜铁锡等金属。讲完了矿产再讲有什么植物和动物，以及这些植物和动物有什么功能。讲完了山上的矿物、植物、动物，就开始讲山里是不是发源了什么河流、河流的走向、河流里出产的物品。把这一组山脉全讲完了，最后会介绍掌管这座山的山神的长相，以及人们如何去祭祀山神，给山神献什么祭品，祭品如何送给山神，讲得非常详细。这就是原始的自然地理志的写法。

尽管其中的山川地理不是很准确，存在误差，其中还有怪物、神灵，但是现代著名历史地理学家谭其骧教授认为,《山经》基本上是一部反映当时真实知识的地理书。

《海经》和《荒经》的写法通常是这样的：远方某个地区存在着某个奇特的人种或国家,这些人种拥有什么样的长相、生活方式、生产方式,有时还会介绍该人种的民族起源神话。关于这些远方国家和民族基本上都是神话传说,里面也有怪物、神灵。我们无法把这些国家、民族跟现在的各个国家、各个民族进行对应,它们是人们想象中的远方民族,跟事实对不上。只有个别能对得上,比如朝鲜、越南,像"胫国"（也叫"交趾国"）就是越南,不过里面描述的两个国家的人也跟今天有差异,所以它主要是讲神话。

地理志为何包括纯粹想象的怪物和神灵？

读者可能会觉得很奇怪,地理志怎么能包括纯粹属于想象的怪物和神灵？这是因为在《山海经》时代,作者们具有很浓厚的宗教信仰,那些掌管宗教活动的巫师,跟我们普通人很不一样。不知道大家是否接触过巫师,我们做民俗学调查有时候会碰到这样的人,他们神神道道的,跟普通人最大的区别就是他们号称自己能够通神,能够看见超自然的事物,有"阴阳眼",在大白天能看见妖怪、鬼、神。大家不用害怕,从科学角度来看,这种现象是能够解释的。这些巫师是容易产生幻觉的人,现代医学已经对此有了很好的研究,有些人就容易出现这种疾病,出现幻觉、幻视,莫名其妙地说他看见了别人都看不见的东西,或者听到了别人都听不见的声音,比如鬼的叫声和神灵对他的召唤。

由于这些巫师的活动,所以当时的人们都相信怪物和神灵是真实存在的。在他们的影响下,《山海经》的作者们也会把这些怪物和神灵都当作真实的存在,所以他们才会把这些内容写到地理书里。这种现象正好证明了《山海经》的地理知识是那个时代最真实的地理知识，它的地理知识里包含着对神灵的信仰，包含着对怪物的肯定，这是一种原始地理志，跟我们现代的只承认客观事实的地理志是不一样的。我们不能因为今天的地理志只记录客观事物，就否定《山海经》的地理志性质，它属于2500年以前的那个时代，是最真实的地理志。如果它和今天的地理志一样，反而是虚假的。所以我的结论是，《山海经》里既有客观的山川地理知识，也有神话和怪物，这才是原始地理志的真实面貌。

《山海经》描写的地域范围究竟有多大？

既然《山海经》是地理志，那么《山海经》描写的地域范围究竟有多大？有人说《山海经》是世界地理志，《西山经》描写的西部某些山是非洲的山峰，《东山经》描写的某些山是美国的落基山脉，这些说法是不可信的。为什么？一开始提到《山海经》的作者是周天子手下的王官，周民族是个内陆民族，它最开始是在中国西部甘肃、陕西交界一带慢慢发展起来的，后来随着势力的强大，逐步向东扩展，推翻了商王朝，建立了周王朝，但基本上还是在内陆活动，不会航海，更不可能渡过太平洋。太平洋都过不去，怎么可能记录美国的落基山脉？所以这些说法不可信。

历史地理学家谭其骧先生说，《山经》的描写范围基本上没有超出目前中国的版图，当然古人没有现代中国的版图概念，但是他们的活动范围就那么大，对于中国现代版图内部的很多地方，《山经》都没有写到，没写到青藏高原，也没写到广东西部，但有些地方写到了现代国境线以外的某些地区。《西山经》《北山经》里的一些地方有点超出现在中国的版图，比如提到朝鲜和越南，但总体上在版图范围内。至于《海经》《荒经》，谭其骧先生认为是神话，无法跟实际的地理建立起对应的关系。

可以说，《山海经》真实地反映了周代人的地理知识和宗教信仰，是我们了解古人精神面貌的可靠珍贵的史料。

《山海经》如何演变成志怪小说？

周朝人的自然地理志和人文地理志，后来为什么会变成一个志怪小说？变成现代人心目中的神话宝库？因为随着周王朝的崩溃，王官失守，周天子手下养的那批官员、学者没有了依靠，流散到社会上，他们的那套学问就崩溃了，没有流传下来。《山海经》里所记录的那些山川河流，随着时代变化，跟现实中的山川河流、地名、河名对应不上。所以《山海经》的地理知识就很难被后人理解，后人也没办法利用其中的地理信息，因此《山海经》的地理志功能逐步衰退，以至于消失。人们读不懂里面的山川河流是现在的哪座山、哪条河，因此，历史上阅读《山海经》的读者们跟我们现代人一样，把着眼点大多放在《山海经》所描写的那些怪物、怪人和神灵上，很难懂它的地理志功能，或者说也不愿意弄懂。现在的历史地理学很发达，但学界依然只能解释《山海经》中很少的一部分地理信息，普通人就更难以理解了。

《山海经》在历史上更多情况下不是作为地理志发挥社会作用的，而是作为志怪小说发挥社会作用。所以人们慢慢地把它当作志怪小说，把它的功能当成它的本质。清代《四库全书总目提要》是纪晓岚当"副总编"所写的古书分类目录，他就把《山海经》列入志怪小说。古人把它列入志怪小说，现代人就把它当作神话宝库。于是《山海经》就从一个原始的地理志，逐步被人们误读成了志怪小说。

如何理解《山海经》中的神奇怪物？

三

《山海经》中的怪物从何而来？

　　《山海经》是原始地理志，但是后人很难确定它所描述的山川河流究竟是今天的哪座山、哪条河。我对历史地理学又是外行，只能去引证那些权威的历史地理学家的看法。我主要从神话学角度来解读《山海经》，解读《山海经》中存在哪些怪物、哪些神话。

　　《山海经》里的那些怪物是怎么产生的？《山海经》的作者为什么会记录那么多的怪物？这里的原因很复杂，有的怪物是因为《山海经》的作者自己就认为它们怪，有的怪物则是读者把它们误解为怪物。

　　我总结了一下，大概有三种原因，导致我们所看到的《山海经》中存在大量的怪物。

原因一：古人缺乏科学知识

第一个原因，古人缺乏科学知识，对世界、对自然界不够了解。世界非常大，万事万物品类繁盛，现代自然科学已经很发达了，现在的知识传播手段又非常先进，但是世界上仍然存在很多未知生物，能让现代人感到惊奇。澳洲有袋鼠、考拉、鸭嘴兽，没有出过国的人就会觉得很奇怪，要不是在地理书、地理课里学到这些生物，根本难以想象。

《山海经》的作者们生活在 2000 多年前的周代，他们对大自然的了解比我们少得多。他们主要在北方活动，对于南方的很多东西都没见过。所以《山海经》里出现很多怪物，是因为《山海经》的作者的科学知识不够，把没见过的生物当怪物来写了。

举个例子，《山海经》里有很多"怪"字，这个"怪"不是妖怪的意思，它是奇异的、罕见的，没办法命名的意思。比如《山海经》的第一卷叫《南山经》，《南山经》里有一座山叫猿翼之山。经过考证，"猿翼之山"是错的，应该是"即翼之山"，或简称"即翼山"。经文里说：

"其中多怪兽，水多怪鱼，多白玉，多蝮虫（虫为虺的本字，虺读 huǐ），多怪蛇，多怪木，不可以上。"

"多怪兽"指山里有很多怪兽；"水多怪鱼"指所发源的河流里有很多怪鱼；"多白玉"指山中还出产很多白玉；"多蝮虫"，蝮虫就是蝮蛇，很毒的蛇；"多怪蛇"，指除了蝮蛇（蝮蛇是《山海经》作者认识的，因为北方也有这种蛇）之外还有很多怪蛇；"多怪木"，怪木就是怪树。

怪兽、怪鱼、怪蛇、怪木，连续四个"怪"，都是妖怪吗？不是。郭璞最早对此有过解释："凡言怪者，皆谓貌状倔奇不常也。"凡是说这个东西是怪的，都是因为《山海经》的作者们心目中认为这个东西太奇怪了，跟寻常所见之物大有不同，没办法命名。从这就可以看出来，《山海经》里的很多怪物其实是作者不认识、不了解、不知道它们的名字也无法给它们命名的，所以就把它们称作"怪"。我看到过一个日本学者写的《山海经》专著,那里就把这几个"怪"——怪兽、怪鱼、怪蛇、怪木都解释成妖怪,这是明显错误的。

古人因为不了解这些东西,所以他们很害怕,结尾说"多怪蛇、多怪木,不可以上",即认为这座山有潜在的危险。这部分就告诉大家,《山海经》里之所以有很多怪物,第一个原因就是《山海经》的作者们缺乏科学知识,对大自然的了解不够,因为不了解,所以不认识,无法命名,就觉得怪。

原因二:对古人语言表达方式的误解

第二个原因,是古人的语言表达方式造成的。因为古代科学不发达,那个时候植物学、动物学的分类概念、术语都不发达、不专业,所以他们描写这些植物、动物的时候,用的词汇都很不专业,经常用日常生活中熟悉的植物、动物来比喻没有见过的新事物。

给大家举个例子,现在的《山海经》已经不完整了,在流传过程中丢失了一些内容,我们是怎么知道那些丢失的内容的?因为其他一些古书曾经引用过,我们就认为那是《山海经》丢失的文字,我们叫《山海经》的佚文——散失的文字。

其中有一篇佚文是唐朝伟大诗人白居易记录下来的。白居易得过头疼病,古人没办法解决头疼病,但是他们想出了一种巫术来治这个病,就是做一个小屏风,大的屏风是在房间里隔断用的,小的屏风是放在床头用来包脑袋的。白居易得了头疼病就做了一个小屏风,保卫自己的脑袋。屏风上画了一个特殊的动物叫"貘"(mò),所以这个屏风就叫作"貘屏"。

因为这个貘屏做得很精美,所以白居易写了一篇小文章叫《貘屏赞》,引用了《山海经》中的内容,描写了一个有点像怪物的动物:"貘者,象鼻犀目,牛尾虎足,生于南方山谷中。寝其皮辟瘟,图其形辟邪。"意思是南方的山谷里有一种叫作貘的野兽。貘长什么样子？且看描写："象鼻"，大象的鼻子；"犀目"，犀牛的眼睛；"牛尾"，牛的尾巴；"虎足"，老虎的爪子。从字面上看这是个四种动物拼在一起的怪物。它的功能更奇怪，"寝其皮辟瘟"，人如果睡在貘的皮上，就可以避免瘟疫；"图其形辟邪"，把它的形状画下来，可以抵抗邪气。白居易为什么要在他的小屏风上画上貘？因为只要把貘的形状画在上面，就可以辟邪、消除他的头疼病。

白居易引用的这段《山海经》的文字可靠吗？可靠。因为我们还有一个证据，北宋末年宋徽宗朝有一个著名学者叫黄伯思，他看过一幅《山海经图》，《山海经图》里也引用了《山海经》的原话："南方山谷中有兽曰貘。象鼻，犀目，牛尾，虎足。人寝其皮辟瘟；图其形辟邪。嗜铜铁，弗食他物。""嗜铜铁，弗食他物"的意思是它喜欢吃铜、吃铁，不吃其他任何食物，这就更怪了，哪有专门吃铜和铁，还不吃其他东西的动物？

《山海经》记载的怪物貘是否真实存在？

貘在现实中是存在的。世界上目前还有两种貘：马来貘、美洲貘。在上古时代，中国也有貘，因为出土了好多青铜貘，青铜貘的样子跟现在的马来貘一模一样，非常精确，证明中国古代有貘，如果貘完全是想象中的动物，不可能被塑造得跟现在的动物一模一样。所以《山海经》里描述的貘一定是跟真实的貘对应的。

为什么我们把貘理解成怪物是不对的？貘是"象鼻"，不是说它长着大象一样的鼻子，它的鼻子确实比较长，这是个比喻的描写；"犀目"是犀牛的眼睛，貘的个头还是挺大的，眼睛确实很小，跟犀牛的眼睛是有点像的；"牛尾"指它的尾巴很短，跟牛尾巴很像；"虎足"有点不太准确，因为貘是食草动物，它的足不是爪子，是蹄子，问题是它前腿和后腿的蹄子不太一样，是有脚趾的，估计《山海经》的作者可能没有见过真的貘，但见过青铜器的貘，看到的正好又是铸造得不是特别清楚的青铜器，所以就说它是"虎足"。

由此可见，《山海经》里关于貘的描写的误解是语言造成的，由于当时的科学术语不足，不能准确地描述貘的形状，作者就用他常见的熟悉的动物进行比喻。从字面上理解，它就是长了大象鼻子、犀牛眼睛、牛尾巴、老虎爪子，这就是我们理解错了，人家本来是比喻，我们却把它当作写实。《山海经》中之所以怪物多，是因为我们没有准确地理解《山海经》当时的语言而造成了误解。貘就是个很典型的例子。

还有一个例子是《山海经》的《南山经》记录了一种黑色的乌龟，说"其状如龟而鸟首虺尾"，这个乌龟的形状像龟，而"鸟首虺尾"，长着鸟的脑袋，长着毒蛇的尾巴。从字面上看，这种乌龟好像是三种动物拼到一起的，这也是个怪物。可是再往下看经文，说它有叫声，它的声音像"判木"，即劈木头的声音。劈木材的声音是常见的，这应该是个真实存在的动物。现代生物学家郭郛先生在《山海经注证》里说，"旋龟"是现实存在的一种龟，学名叫大头平胸龟，俗名叫鹰嘴龟，它的嘴确实有点像老鹰，有个像喙一样的东西。龟的尾巴像蛇，这很正常，龟的尾本来就细长。所以"其状如龟而鸟首虺尾"都是比喻，不是把三种动物拼在一起然后凭空想象的。这是《山海经》里出现怪物的第二个原因。《山海经》里的怪物多，不都是那时候作者们的原因，很大一部分也是读者误解造成的。

原因三：古人的迷信思想

第三个原因是古人比较迷信。远古时代的人，宗教思想比较强，比较迷信。长期的恐惧使人处在紧张状态，对于不了解的事物和怪物容易产生幻觉。

比如《山海经》在《西山经》里提到一种鸟叫毕方鸟，这种鸟很奇怪，形状像鹤，但只有一条腿，它不是残疾，而是天生只有一条腿。它的底色是青色的，同时又有红色的花纹，鸟喙是白色的。青色的底、红色的花纹再加上白色的嘴，这三种颜色都特别鲜艳，反差特别大。

而且这种鸟还很奇怪，"其鸣自叫"，即自己叫自己的名字。"其鸣自叫"用现代话说，它的名字"毕方"就是它的叫声，是我们根据它的叫声给它命的名，就像布谷鸟一样，但是《山海经》的作者的思考方式跟我们不一样，他们认为鸟是在叫它自己的名字。古人很害怕毕方鸟，因为古人不知道是谁给毕方鸟命的名，就觉得它很神奇。更重要的，他们认为毕方鸟可以带来灾祸。中国古代建筑都是木结构的，老百姓家的房子上面都是茅草，特别容易发生火灾，有时候弄不清火灾发生的原因，他们就认为火灾是毕方鸟引起的。这就证明古人的思想里的宗教色彩很浓，比较迷信。人在这种心理状态下，就会产生幻觉，会描写出一些怪物。虽然迷信、忌讳会使人恐惧，但是有时也会使人产生期待、产生希望。

在期待和希望的心理状态下，古人就会赋予怪物吉祥的含义。古人把有吉祥含义的怪物称作祥瑞。

凤凰就是具有祥瑞性质的鸟。比如《南山经》的丹穴之山（郭郛：广东流溪河上源的天堂顶），上面有一种鸟，"其状如鹤"，跟毕方鸟有点像。"五采而文"，它身上具备五种彩色，而且还有花纹。五种彩色是中国古代色彩观念里一个很重要的概念，世界上的颜色千差万别，颜色非常多，但青、赤、白、黑、黄被认为是最正的颜色。凤凰具有这五个正的颜色，就证明凤凰具有正面价值，它身上还有花纹，非常漂亮。"名曰凤皇"，这种鸟就叫凤凰，注意"凤皇"早期是两个字合并在一起的，凤是公的凤凰，皇是母的凤凰，合称"凤皇"（同"凤凰"），我们后来把雌雄合在一起了。凤凰身上的花纹都有哪些？"首文曰德"，有人说头上的花纹正好形成一个道德的"德"字，这个说法实在是缺乏想象，意思应该是它头上的花纹象征"德"；"翼文曰义"，翅膀上的花纹象征"义"，即正义；"背文曰礼"，后背上的花纹象征礼仪；"膺文曰仁"，鸟的胸部也有花纹，象征着仁爱之心；"腹文曰信"，肚子上的花纹象征着诚信。凤凰五色俱全、五德具备，是最完美的。而且凤凰饮食自然，它不吃任何有生命之物，只吃自然之气。"自歌自舞，见则天下安宁"，它自己唱歌，自己跳舞，一旦出现，普天之下一片祥和安宁。

凤凰是最大的吉祥鸟，代表着古人的一种希望，一种社会理想。在这个地方我要进一步分析，为什么它要具备了五种道德之后，才会出现天下太平？这是古人对于天下太平的原因的一个思考。

只要具备了五德，人类都达到了道德的标准，整个社会自然而然就会和平安宁，这是通过凤凰这种想象的鸟传达出人们对于道德的肯定。有了道德，整个社会就会安宁，凤凰就是传达这种信息的鸟。当然毕方鸟也好，凤凰也好，都是古人基于信仰的一种想象，传达了他们对世界不可知事物的一种恐惧，以及他们对理想的一种追求。

以上三个原因总结如下：第一，古人由于对世界缺乏科学认识，觉得很多不认识的动物、植物很奇怪，所以《山海经》里的怪物比较多；第二个原因是后人不理解《山海经》作者们的语言，不理解他们的比喻描写，把《山海经》里客观描写的事物也当成了怪物；第三个原因是古人的宗教信仰比较强，比较迷信，所以会产生很多幻想，觉得有些动物是不吉祥的，会给人带来灾祸，有些动物是吉祥的，能给人们带来幸福，这是信仰决定的。

这是我对《山海经》被看作志怪小说的一个解释。

现代人为什么喜欢谈怪物？

现代人为什么会喜欢《山海经》？《山海经》里的怪物很多，很不科学，为什么大家又会特别喜欢它们？

"五四运动"以来，中国社会发生了变化，大家的思想也发生了很大变化，我们开始强调科学、民主，要建设新文化。新文化里很核心的元素就是科学、理性。现代人很重视实际，强调通过科学认识世界，提高生产效率、劳动效率，产生更多的劳动产品，在物质上提高生活水平。因为我们重视科学，所以生产能取得更好的效果，物质生活水平提高得很快，这也是现代社会发达的一个原因。

但是它有一个缺点，它导致现代人过于重视实际。大家都拼命工作，拼命赚钱，买房子、买车，结果大家都成了工作狂，甚至成了房奴，这样反而给我们带来了不幸。而且它给我们的精神带来了很大的压力，我们只重视实际、科学和理性，就会忽略艺术，忽略幻想，忽略信仰，这对人的精神生活是很不利的。

20世纪伟大的法国人类学家克劳德·列维－施特劳斯（Claud Levi-Strauss，1908—2009）的后半生主要都在研究神话，以及人类为什么需要神话。他说人类的思维和大脑从古到今都是类似的，大脑会有两种状态，一种状态叫驯化的状态，一种状态叫野性的状态。它们分别适用于不同的工作领域，在研究科学问题的时候，在判断一种食物有毒还是无毒、是好还是坏的时候，只能是驯化的状态，必须尊重客观规律，否则把有毒的食物说成没毒的食物，就会把人毒死，这是绝对不行的。在这种情况下，人类大脑会处在理性的状态、驯化的状态。驯化的状态给我们带来了科学，带来了工业的发展、农业的发展，这是很好的。但是大脑每天的工作很枯燥，每天被自然规律束缚，也十分难受。

大脑还有另外一种状态，就是野性的状态，只有在野性的状态下，大脑的思维才是最自由的，它不受外界的限制。在艺术领域，自由思维能创造艺术；在信仰领域，发挥大脑的想象力，构造出神来帮助自己克服现实中克服不了的困难，可以给人提供心理支持。

但现代人在这方面是有很大缺陷的，我们太重实际了，轻视幻想，轻视艺术，轻视信仰。我们的大脑是处在一种有所偏废的状态下的，所以我们的幸福感就会比较低。因此，在现代社会科技、理性、经济高度发展的情况下，人类的大脑反而被客观实际完全控制了，得不到自由，得不到自由的人就会追求自由，所以就会去阅读想象性的文学。

现在流行的《哈利波特》《指环王》等电影，都是现代人新创作出来的志怪小说、玄怪小说、魔幻小说，现代人的想象力跟古人相去甚远，所以这些作家都拼命去古代文化寻找更自由的想象，于是找到了《山海经》，《山海经》里的怪物、神话就越来越受到人们的重视。这是现代人精神生活的需要，是由大脑寻求自由、寻求想象的天然追求决定的，我们无可逃避，不得不喜欢《山海经》。

但是《山海经》最神奇的地方还不是怪物，而是神话。

这 就 是 山 海 经

上古社会的先民是如何崇拜神灵的？

前面我们介绍了《山海经》，它原来是地理志，后来被人们更多当作志怪小说、神话宝库，后面又讲了《山海经》里为什么有很多怪物，我们今天怎么理解怪物，现代人为什么喜欢怪物。现在进入最关键的问题：《山海经》的神话有哪些？我们应该怎么理解这些神话？

《山海经》中的神话有哪些？

中国古代的神话记录不太多，不像古希腊有史诗、有悲剧，记录的神话很多、很完整，而且文学性很强。

中国古代的神话主要保存在《山海经》《淮南子》《庄子》和《楚辞》中。《山海经》是地理志，地理志总体上是不讲故事的，它是一个地理记录，所以故事性不太强；《淮南子》《庄子》是哲学著作，里面即使有神话，也都是哲学化的，是被哲学家改造过的；《楚辞》是文学，可它是抒情诗，抒情诗是不太擅长叙事的，故事也不完整，尤其是《天问》里的神话很多，涉及上百个神话，但是每个神话只有一句话。相对而言，《山海经》虽然故事性不太强，但是其中的神话还保持着原始面貌，没有经过后人篡改，所以《山海经》的神话是大家最重视的。

何谓神话？

生活中，大家也使用"神话"这个词，意思是它是虚构的。可神话学里讲的神话概念跟生活里使用的神话概念是有差别的，最关键的一个差别就是神话学里的神话是被古人当作真实故事的，它明明是虚构的，但是古人相信它是真的。

什么是神？神就是人们崇拜的，具有超自然能力，而且具有人格的存在。它很像人，即使是动物，它也有人的情感、人的人格，是一种超自然的存在。当时的人们相信神灵是真实存在的，不仅真实存在，还能够决定世界的面貌，决定人类的命运。

这些神灵各有神通，各有职权范围。比如主神就是最主要的神灵，其他神灵都受它管辖，它创造世界、创造人类，领导诸神；还有一些其他的神，比如山神只掌管山，海神只掌管海洋，河神只掌管河流，爱神就掌管婚姻等。所以神话就是神灵的故事，讲述这些神灵有什么样的经历，有什么样的事迹，在哪些方面掌管人类命运和世界命运。这是神话学给神话的定义。

《山海经》时代的人们是怎样崇拜神灵的？

《山海经》中有很多山神，《山经》记录了南方、西方、北方、东方以及中部这五个方位的山脉，总共分了 26 组，每一组的神灵有一种长相，掌管着各个山峰。比如《南山经》共三组山系：第一组 10 座山的山神都是"鸟身而龙首"，祭祀山神的方式都是杀一只动物，把动物尸体跟玉璋配在一起埋在土里；第二组山，从湖南西部到浙江的舟山群岛，共 17 座山，这 17 个山神都是"龙身而鸟首"，正好跟第一组山相反，祭祀方式也是杀一只动物，再把玉璧跟动物埋在一起献给神灵；《南山经》的第三组山，大致范围在南岭以南，一共 14 座山脉，这 14 个山神都是"龙身而人面"，半龙半人，祭祀方式是杀一条白狗。

通过比较我们看到这些山神的面貌，要么是"鸟身而龙首"，要么是"龙身而鸟首"，或者"龙身而人面"，表面看来有点差异，但是总体上是一个系统，或是稍微颠倒一下，或是稍微变一点，祭祀方式也非常类似。这说明这些神灵的样子、祭祀的方式是统一规定的，不是每一座山都是当地的人自己想象的。因为远古时代人们之间的交流、交通不方便，每个地区的人想象的神灵一定是有差异的，祭祀方式也一定是有区别的。可是这些山神的样子很系统、很一致，祭祀方式也很一致，说明是统一规定的。

那么由谁来规定神灵形象和祭祀方式？是由周天子手下的王官们，这些负责祭祀神灵的巫师规定的。因为周代实行了一种特殊的宗教制度，周天子要祭祀天下所有的名山大川，这些山神是归周天子祭祀的，地方诸侯只能祭自己国家内部不太出名的山川，这是权力的问题，有国家、中央的权力，有地方政府的权力。全国的名山大川名义上是由周天子祭祀的，但实际上是由周天子手下那些巫师替他祭祀的。

祭祀山神、取悦山神的目的是让山神保佑周天子能够拥有山里的那些矿藏，控制金、银、铜、铁、锡等金属物资。这些金属要么是用来铸钱的，要么是制造兵器的原料，所以祭祀的目的是保证神灵能够保佑周天子控制矿藏，控制国家资源，保证国家的安全，防止这些战略物资落入地方诸侯的手里，以免他们叛乱。这就是《山海经》里存在众多山神，并且保存各种非常严格的祭祀仪式的原因。通过这个例子大家可以知道古人为什么会崇拜山神、祭祀山神。

作为『人间天堂』的昆仑山为何既神奇又凶险？

神话里对于一些重要的山峰，特别是具有神话性质的山峰，有专门的描述。在中国古代人们的心目中，最重要的一座神山是昆仑山。大家读《山海经》会有一种困惑，《山海经》里的昆仑山或叫昆仑的山峰很多，它们所处的方位也不一样，哪座才是真正的昆仑山？

神山昆仑山在哪里？

神话中具有神圣性的昆仑山是在《西山经》《海外西经》和《大荒西经》这三篇里所讲的昆仑山，其他的昆仑山只是著名山峰，不具有神圣性。《西山经》《海外西经》和《大荒西经》这三篇里描述昆仑山为"帝之下都"，什么叫"帝之下都"？就是上帝在人间的都城，它的位置在中国西部，具体在哪里尚不清楚，因为它是人们想象出来的山。中国上古时期也没有人到过这座山，只知道它是黄河的源头，因为《山海经》

里说"河出昆仑"。黄河是中华民族的母亲河，是古代所有河流里最神圣的河，它既然在北方是第一大河，所以人们就想象它一定是从一座特别高大的山里发源出来的。这是人们的推论，并不意味着人们去过真实的昆仑山。

真正开始考察神圣的黄河源头的昆仑山究竟在哪，是西汉时期张骞和张骞以后的汉室才完成的工作。在那之前，中国人没到过真正的昆仑山，所以它原来是在神话里想象出来的神山。现代地理学里所说的在新疆、青海这一带的昆仑山，是后人根据神话来命名的现实的昆仑山。

昆仑山有多神奇？

神话里的昆仑山是人们想象的一座很神奇的山。根据神话所说，昆仑山"山高万仞"，一仞是七尺，万仞就是七万尺。它"方圆八百里"，山顶上长满了奇花异草，其中有一种特殊的草叫薲（pín）草，吃了以后能消除忧愁，可以让人很快乐；还有一种特殊的水稻，一般的水稻是草本植物，一年生的，每年要播种、插秧、除草、收获，可是神话的昆仑山上长的水稻是木本的，所以叫"木禾"。木本的水稻是水稻树，意味着昆仑山上的众神不用劳动，自动就有大米吃。山上不光有自动生长的大米，还有比大米更高级的吃不完的肉，这种肉叫"视肉"，提供这种肉的动物没有四肢，只有一块肉，上面有两只眼睛，它的特点是能够自动生长，切掉一块肉马上就能复原，永远吃不完。古代中国是农业民族，不是畜牧民族，所以肉是很少的。孔子说，能保证70岁以上的人吃上肉，这就是小康生活了，但古代大多数时候是达不到这个水平的，老百姓很少能吃到肉，所以先民就想象神灵是天天能吃肉的，拥有吃不完的肉。

昆仑山上还有很多玉石，这些玉石有的长得像树，叫玉树，有的五颜六色的。玉石是很宝贵的矿产资源，到现在我们依然把玉石看得比金银宝贵。金银有价玉无价，古代的玉石不只有经济价值，还有宗教价值，因为玉石是跟神沟通的一种媒介。祭祀山神的时候，杀一只动物一定要配一块玉石或是玉璋、玉璧，一起埋下去，神灵才能接到，类似介绍信。山上还有不死树，吃了之后能让人长生不老，这说明古人相信神灵是不死的。不死树长在昆仑山上，神灵住在昆仑山上，神灵也是不死的。他们还设想人类如果能够登上昆仑山，也就能不死。所以昆仑山代表人间的天堂。

作为"人间天堂"的昆仑山为何既神奇又凶险？

但是神话的作者又很清醒，人们信仰神话、信仰昆仑山可以，但是想登上昆仑山，是不被允许的。为什么？《山海经》里说，昆仑山的四周围绕着"弱水河"和"炎火山"。弱水河就是没有浮力的河流，连鸿毛都飘不起来，船过不去，人类更过不去，所以作者通过想象这条河给这座山上了一个保险。一道保险还不十分牢靠，还有第二道保险，说弱水河外还有炎火山，这个山没有树全是石头，但是石头能着火，是座熊熊燃烧的火焰山，人也是过不去的。这就是保证昆仑山的神圣性、保证人类不能登上昆仑山的神话想象。

除了这两道物理性屏障之外，昆仑山上还有一些特别危险的东西，前面我讲了昆仑山上全是美妙、特别令人神往的东西，但是昆仑山上有几个恐怖的怪物，其中一个是昆仑山的总管家叫"陆吾"，陆吾"虎身而九尾，人面而虎爪"，样子很恐怖。它的身体是老虎，但是长了九条尾巴，脑袋像人，这是完全的怪物，而且爪子也像老虎，一巴掌大概就能把人拍死，这是使人感到恐惧的。

山上还有凤凰，《山海经》里昆仑山上的凤凰，跟《南山经》丹穴山上的凤凰是不一样的，昆仑山的凤凰是警卫、战神一样的神鸟，头顶上戴着蛇，脚底也踩着蛇。大家都怕蛇，一只本身就神通广大的神鸟，身上又装饰着蛇，对人构成很大的威胁。山上还有一些其他的怪物，都对人危害很大。

人间天堂怎么有这么多的怪兽威胁人的生命？这其实是古代宗教防止信徒证伪的一个手段。这些创造神话的宗教人士，一方面要创造出一个人间天堂，吸引大众去信仰神灵、信仰神山，但是又害怕信徒们因为信仰去实地追求人间天堂，导致整个信仰崩溃。

因此为了防范人们冒险去登昆仑山，《山海经》就设想了昆仑山外有两道防卫线，山顶上还有很多危害人生命的东西，这就是在警告信徒们，不能真去登这座山，防止人们的信仰崩溃。这就是《山海经》所描述的众神在人间的都城的面貌。

《山海经》的神灵体系

《山海经》的神灵有一定体系，主要有两个朝代的文化痕迹。有一部分是商朝保存下来的神话，比如讲到一个天帝叫"帝俊"，帝俊娶了3个妻子，第一个妻子叫羲和，生了10个太阳；第二个妻子叫常羲，生了12个月亮；第三个妻子叫"娥皇"（不是舜帝的妻子娥皇），娥皇倒没有生出神来，生出了一个叫"三身国"的国家。

帝俊是商朝人崇拜的天神，说天神帝俊曾经派了一只燕子飞到人间下了一个蛋，有个小姑娘叫简狄（历史传说中帝俊的妻子之一），捡到了这枚燕子蛋，吃下就怀孕，并生下了一个孩子叫"契"，契就是商民族的祖先。

周民族一开始是商民族下面附属的一个部落，在商朝作为诸侯国而存在，当时他们为了依附商民族，也接受了商朝的宗教信仰，也崇拜帝俊，说自己的民族祖先是契。《山海经》说契也是帝俊的儿子，意思是周民族也信仰帝俊，跟商民族的信仰一样，是兄弟关系。但是随着周朝的崛起，周武王推翻了商王朝，建立了周王朝，他们的神话就慢慢地发生变化了。后来《山海经》里周民族说自己的民族祖先契（也即后稷）也是帝俊的儿子的这种说法就消失了，信仰就发生了变化，因为在政治上把商朝推翻了，在文化上也要摆脱商朝人的信仰。

所以在现存所有古代文献里，只有《山海经》记录了这一条，周民族最开始是接受帝俊神话、帝俊信仰的，但他们慢慢地实现了文化独立，就抛弃了商朝的那套神话，重新构建自己民族的神话。这是《山海经》神话体系里保存的商朝的神话和信仰。

跟这个相关的还有四方风神信仰，这也是商朝神话。关于帝俊神话和四方风、四方风神的神话，现代学者通过甲骨文考证，证明《山海经》里这部分内容是商朝保存下来的。

另外一些神话是周民族自己创造的，比如黄帝、炎帝的神话是周民族的神话，在周民族的神话里黄帝地位最高，昆仑山的神话就是周民族的。周民族是从西部发源的，崛起于西部凤鸣岐山，周文王在岐山发迹，所以昆仑山就被设想在西部，昆仑山上最高的主神就是黄帝。我们现在认为中华民族的人文始祖是黄帝，这就是周朝人确定的，是周朝人的神话。但《山海经》的神话除了这些主神之外，还有其他很多神灵。

神话不是纯粹的想象，它是原始宗教的教义，宗教通过神话来加强人们对神灵的信仰，证明神灵是真实存在的，神灵决定着世界的面貌和人类的命运。所以古人相信神话是真实发生的历史事件。这跟我们今天不一样，我们今天不信宗教，只把神话当作一个原始的艺术来看待，只从艺术角度来接受它。

但是为了理解古人，我们要明白《山海经》时代的人相信神灵是真实存在的，这样我们才能够理解古人的精神世界，跟古人产生心灵沟通。

古人为何会想象很多怪异人种、奇异民族的存在？

世界上存在奇异人种吗？存在野人吗？存在人们所说的喜马拉雅雪人、北美的大脚怪或是湖北神农架的野人吗？根据现代脊椎动物学的研究，世界上现存的所有人类，不管是黑人、白人、黄人，在动物学分类里都是同一个人种，没有本质区别，都是人科人属，同一人种的灵长目动物。

古人为什么会想象奇异民族的存在？

那么古人为什么会想象还存在着很多奇异的民族，以及跟我们从长相到文化都不一样的怪异人种？《山海经》里记录了那么多的奇怪人种、奇怪国家，这是怎么回事？

《山海经》总共18卷，除了《五藏山经》5卷之外，其他13卷包括《海经》和《荒经》，记录的都是远方的民族和国家，那些民族、国家的人都跟正常的人完全不一样，体型和文化生活都和正常人不一样。这跟科学完全对立，科学结论是现存所有人都是一个人种，那个时代有那么多怪异人种吗？考古学未曾有过发现，所以应该是想象出来的。

《山海经》里所描述的民族外形跟我们是不一样的。比如《海外南经》是《海经》的第一篇，开篇就写了一个奇怪的民族——穿胸国。为什么叫"穿胸国"？经文里说，这个国家的人跟正常人不一样，正常人胸口是很完整的，而那个地方的人胸口有一个大洞，洞穿前胸后背。

郭璞在注解《山海经》的时候，专门解释了其背后的神话：大禹治水成功之后就被舜帝封为夏后氏，成了诸侯国国君，有很高的权力，于是他就在会稽山（现位于浙江绍兴）召开了诸侯大会，治水过程是大家共同奋斗的结果，他要计算一下个人的功劳。因为这是个特别重要的会议，大家踊跃参加，可是有一个诸侯迟到了，那就是防风氏。防风氏大概只是有点狂妄，但大禹为了树威直接把他杀了。防风氏很冤枉，正常情况下迟到打两军棍也就算了，所以他的魂灵充满了怨气，想方设法来报复大禹。大禹在巡游全国的时候，被防风氏的魂灵看到了，他就悄悄射了大禹一箭，想暗杀大禹。大禹的车是龙拉的，龙是神圣动物，为神服务，极其灵敏，它发现了防风氏的企图，立刻高飞，躲过了这一箭。防风氏的魂灵吓坏了，当年他因为迟到就被杀头，这一次暗杀罪行更大了，于是就拿了一把匕首往自己胸口扎了一刀，畏罪自杀了。但这件事发生之后，大禹反而警醒：他之所以刺杀我，是因为有怨气，当年我为了立威，因为一个小错误直接杀了他，是有点处理过当。所以他后悔了，想采取补救措施。于是大禹找来了不死药，把不死药放到防风氏魂灵的尸体上，防风氏的魂灵居然复活了，但是胸口仍留下了一个洞。他复活之后就繁衍出了一个民族，形成了穿胸国，穿胸国人的胸口都有个洞。这完全是想象出来的，现实中不可能存在这样的人种。

特别值得注意的是，《山海经》讲述了穿胸国之后，还提到了另外一个叫结胸国的国家。结胸是整个胸部左右并在一起，像鸡胸一样，所以结胸国的人的胸部特别发达，正好与穿胸国形成对比，一个有着大窟窿，一个鼓得高高的。

《山海经》里还有一个小人国，其中的人都特别矮小，有的人只有三尺高，有的人更矮，只有一尺半，他们都害怕被水鸟吃掉。跟小人国相反，还有一个大人国，其中的人比正常人大很多。这是为什么？这其实是以正常人为中心，往小里想象到极端就是小人国，往大里想象到极端就是大人国；正常人的胸口是两边稍微突出一点，中间凹一点，把它往两个极端想象，一个极端就是中间有窟窿的穿胸国，另一个极端是中间鼓得高高的结胸国。

除此之外，这种类似互相对立的民族形象还有好多，比如长臂国，这个国家的人的胳膊特别长，不用弯腰就能直接到海里抓鱼；跟它相反就是长股国，长臂是胳膊长，长股是腿长，长股国人站在水里不会被淹死，这也是从正常人的短胳膊、短腿往两个极端想象的产物。

还有一个更神奇的国家叫女子国，这个国家只有女人没有男人，这个国家的女人想怀孕，就到一个池塘里坐一下，池塘水就能让人怀孕；跟女子国相反的就是所谓的丈夫国，这个国家只有男人，没有女人，在《海外西经》里有记载，所以女子国和丈夫国又是互相矛盾的。处在它俩中间的是什么？那就是既有男人又有女人的周民族社会。

远古先民的"民族自我中心主义"

《山海经》一般情况下是不描写本国人的，只有一个例外在《海外西经》。《海外西经》讲到一个西周之国，不是我们现在说的西周王朝，而是周民族早期的首都（在宝鸡附近的岐山县），那是周民族占领全国之前的老首都，相对于西安而言，它在西部，所以叫西周之国。西周之国既有男人也有女人，而且从事农业生产，吃五谷，人际、家庭关系特别好，父慈子孝，他们是正常的，有道德的。其他民族都是长相奇怪的、没有文化的，比如吃腥膻的肉的狩猎民族或畜牧民族，在农业民族看来他们都是野蛮民族，他们不仅吃肉，还是生着吃，"不火食"。"火食"就是用火加工过的，烤熟、煮熟的熟食，熟食是有文化的标志，"不火食"就是生食，生食是文化低级的标志。

由此可见，周民族把自己描写得一切正常，而其他民族都是怪诞、奇异、不正常的。他们想象出来那些远方怪异民族，是为了证明自己是优秀的、拥有高级文化的民族，这就是远古人类普遍存在的"民族自我中心主义"。

古代人一直认为，自己处在世界中心，其实他们是生活在东亚这块大陆上的，并不是世界中心，世界没有绝对的中心。每一个民族过去都认为自己生活的地方是世界中心，所以《山海经》时代的周民族也没有逃脱这条规律，他们也有这种"民族自我中心主义"的思想。这种思想其实根深蒂固，不仅老百姓这么想，很多知识分子也是这么想的，比如《左传》说"非我族类，其心必异"。这种思想在远古时代有一定的正面价值，它使人们相信自己的民族是上帝的选民，是神灵眷顾的民族，他们的生活方式是伟大的、光荣的、神圣的，这样可以增强民族凝聚力，在抵御外族入侵的时候，在保存民族薪火相传这方面有正面价值；但它是有偏差的，容易对其他民族产生误解和歧视。好在远古时代各个国家、各个民族的交流很少，虽然有误解，也不至于发生太多的问题。

《山海经》里描写的奇异民族不是随便想象的，它是按照一定的逻辑规则想象的。神话也不是随便想象的，不是用于娱乐的，它是通过建构虚构

这 就 是 山 海 经

的、怪异的其他民族的形象，来证明自己是正常的，自己的文化是高级的，自己的民族是优秀的，是促进民族自我认同的一种手段。这个手段有好处，也有坏处。好处是可以增强民族凝聚力，坏处是对其他民族有偏见、有误解，容易导致民族矛盾，尤其在现代社会，如果不去掉这种民族自我中心主义，人们是无法走向世界，无法融入全人类的。

地理篇

孙晓琴

气势磅礴的
山川河流

如何再现 4000 多年前的华夏地理风貌？

《山海经》不仅是中国最早的一部具有百科全书性质的文明典籍，也是一部记录中华民族地理大发现的伟大著作，它记述着那个时代的远古自然地理和人文地理，对于我们研究中华民族文化与文明的起源和发展来说，具有极其珍贵和无可替代的文献价值。

我和我的先生王红旗研究《山海经》近30多年，全面考证《山海经》的地理方位，越研究越发现，《山海经》是一个名副其实的信息宝库，我们需要做的事情就是去打开一扇扇封藏着远古信息的门窗，把我们的研究成果分享给大家。

全方位考证、绘制《山海经》的地理风貌

大概从认识字开始，我就迷恋上了各种神话传说与故事，但对《山海经》的关注，是源于我先生王红旗的影响。他是一个博学多才的人，

这 就 是 山 海 经

对数理化、文史哲均有兴趣，尤其对古天文学、古地理学、物质的微观结构情有独钟。从 20 世纪 80 年代初开始，他就怀着极大的兴趣开始研究《山海经》，在多种自然科学杂志和社会科学杂志上发表过《我国远古传说与自然环境变迁》等多篇论文。

我在家偶尔翻阅他手边的《山海经》，觉得这本书文字不多，十分艰涩，没什么曲折情节，倒是上面的黑白小插图有些古怪新奇。于是有一天，我对王红旗说："我感觉你对《山海经》的研究，从文字到文字，虽然学术性很强，但是直观性差，不太容易引起人们的兴趣。我们应当重新绘制全部插图。"王红旗立刻表示赞同。

由于王红旗学的是近代物理专业，因此对《山海经》的研究有其独到之处。他善于从天文学、地理学、自然气候学、自然生态学、生物进化学等角度，对《山海经》进行全面解读，还能从人文历史、文学、神话传说角度对《山海经》进行补充。他一生共完成 81 部著作，其中有关《山海经》的专著就有十多本，内容非常丰富。这些作品通常由他负责撰写文字，我负责绘图、编图。

其中我们做的非常重要的一件事情，就是对《山海经》的地理风貌进行了全方位的考证和系统的绘制。从 1997 年开始，王红旗在参考了多部《山海经》研究著作之后，对《山海经·五藏山经》的地理方位进行了全面的考证工作，他将《五藏山经》中记载的 26 条山脉、447 座山的地理方位，与当今的每一座山及其相应的水系走向一一对应，这在《山海经》研究史上是首创之举。同时，我根据王红旗的考证成果以及《山海经》所记述的 18 章内容，绘制出了 700 余幅《山海经》艺术地理复原图。

如何确定每一条水系、每一座山峰的具体位置？

我们知道，《山海经》中记述的自然环境与今天相比已经发生了很大的变化，如何确定每一条水系、每一座山峰的具体位置呢？当然，这是一项艰苦卓绝的工作。我先生首先要将所有信息装进他一个人的大脑，然后将4200年前的华夏与今天的自然地理地貌景观、人文景观进行一一对应与对比。这个过程不但需要博闻强识，而且需要大量的联想研究和精确定位，参阅大量古地理文献。可以说那个时期，他的大脑几乎每天都处于高速运转的状态。

在经过大量的地理方位考证之后，首先，他发现了《山海经·五藏山经》所记述的26条山脉彼此存在着某种排序规律，就是先内后外，先近后远，先中心后外围。因此打开了对447座山的具体地理方位的解读大门。其次，他确定了"远古华夏昆仑"的具体位置。他经考证认为，古史传说中常被大家提及的"昆仑"应当在黄河河套以南的鄂尔多斯高原，并以此展开了《山海经·五藏山经》26条山脉的走向。

在对《山海经》的研究工作中，我们两个各司其职，他负责文字考证，我负责绘制插图。历史上流传下来的《山海经》的插图均过于简单，一是缺少山川地形地貌内容，而这正是《五藏山经》有价值的部分；二是某些绘画内容未能揭示出《山海经》文字中的科学与文化信息；三是《山海经》记述的许多重要的古代文明活动场景，没有用绘画的形式表现出来。显然，这是一项前所未有的绘画创作尝试。所以我对王红旗的要求是，他的地理方位考证必须做到准确，王红旗也有同样认知，并为此投入了大量的心血。还好，至今学术界对他的《山海经》地理方位的考证没有异议，倒是出现了不少照搬照抄的现象，图和文都是如此。偶尔我也会提出一些具体问题，例如某座山的准确定位，王红旗立刻进行反复研究，再告诉我正确结论，我就如实地绘制在画面上。我们无须说服对方，遇到问题就立刻沟通，相互支持、讨论和赞许，生活工作都是如此。

再现华夏地理 4200 年前的风貌

在创作了《山海经艺术地理复原图》组画后，我还创作了一幅大体量的作品《帝禹山河图》，42 平方米的《帝禹山河图》就是根据《山海经》绘制出来的，还原了当时华夏地理的大图谱。相传在大禹时代，大禹就组织了一次华夏地理的考察活动，那时的人们走过整个华夏大地，看到不同地区的奇珍异兽、山脉水系，于是绘制出相关图谱，将这些记载下来，后来铸在天下九鼎之上，这就是最早的《山海经图》。现在的文字版《山海经》其实就是对这九鼎上的图进行注解的文字，但是随着朝代更迭，九鼎早就不知去向，只留下文字版的《山海经》。

我绘制的《山海经艺术地理复原图》系列和《帝禹山河图》展示的是华夏地理 4200 年前的风貌，山是岿然不动的，但沧海桑田，自然气候多变，水系多变。经王红旗的考证，例如由于海平面的升降变化，4200 年前的山东半岛是被海水分割的；黄河 U 字形两个拐弯处——当年的两大湖泊"稷泽"和"渤泽"，现在也几近消失；当年长江中游的云梦泽，水面浩瀚，烟波浩渺，今日也已大部分退去。

这也越发让我们感觉到这份研究工作的意义和价值，也希望通过我的介绍，让大家更多地了解 4200 年前的华夏地理风貌，再现远古文明的迷人景观。

人类历史上最早、规模最大的一次『国土资源普查』

我们要知道，《山海经》并非一时之作，而是历经大禹、夏朝、商朝、周朝 4 个时代，即大禹时代的《五藏山经》、夏朝的《海外四经》、商朝的《大荒四经》、周朝的《海内五经》，最终合并而成的。所以它产生的时代并不洪荒，因为它是文字成熟后的作品，文字数量多达 3 万余字，而且用字简洁准确，基本上都是陈述句。

我们今天之所以感到阅读《山海经》非常困难，一是其所使用的许多字到今天已经变得相当生僻了；二是其所记述的自然社会环境与今天相比已经发生了很大的变化；三是其在流传过程中发生了大量章节、文字的错讹；四是其所指称的事物与其所使用的字面意义存在着许多差异；五是其文本身存在着缺陷或疏漏，例如对每一条山脉内的山与山之间有着距离和方位的记述，却没有对东西南北中 5 大区域及其 26 条山脉之间的方位进行描述；六是今人在阅读《山海经》时不太容易设身处地地思考那个时代的现象和理念，往往把自己的矛盾和困惑当成了《山海经》的问题。

中华民族自古就有地理发现的开拓精神，有绘制地图的文明渊源，也有撰写图书的文化传统。相传中国古老的图书有《三坟》《五典》《八索》《九丘》。《尚书序》记载："九州之志，谓之《九丘》；丘，聚也；言九州所有，土地所生，风气所宜，皆聚此书也。"显然《九丘》属于"国土资源白皮书"，也就是与《山海经》一个性质的图书。

另外，古书《古三坟·地皇轩辕氏政典》记载："太常，北正。尔居田制，民事尔训。尔均百工，惟良。山川尔图，尔惟勤恭哉。"也就是说，轩辕黄帝时代的太常一职，不仅要绘制自然地理图，还要绘制人文地理图，包括丈量划分田地，以及调整手工业生产布局，当时有可能已经考虑到了环境污染问题，例如风向与气味、烟尘的关系。从这里可以看出古人在很早的时候就开始认识自然，并不断寻找与自然的相处之道了。

我们都听说过大禹治水的故事，其实大禹除了完成了治水大业之外，还组织开展了我国历史上最早、最大规模的一次"国土资源普查"。根据《山海经》以及《尚书》《吕氏春秋》《史记》《淮南子》的记载，大禹治服洪水之后，率众大臣和科技人员考察华夏山川大地，记录物产风情，撰写"国土资源白皮书"，绘制国土资源分布图，并在此基础上将帝国统辖地域划分为9个行政区，称为九州。而当年的考察内容被记录在《山海经·五藏山经》的文字中，并流传至今。

大禹是如何开展"国土资源普查"的？

帝禹是先夏时期（公元前 2070 年之前）华夏大地上的国家元首或部落联盟酋长，除了治理洪水和划定九州之外，帝禹还有一项重大的历史功绩，就是主持实施人类历史上第一次大规模的国土资源考察活动。对比之下，大体处在同一时期的古埃及法老，则在热衷于征调大批劳工为自己建造高大坚固的陵墓——金字塔。

治理洪水体现的是帝禹时代领导者和民众不屈不挠的精神，划定九州体现的则是帝禹的治国方略，国土资源考察活动体现的是帝禹的深谋远虑——为了获得持续长久的发展，有必要对国家和民族赖以生存的自然环境、物产资源、部落分布、人文活动进行全面的考察。这项史无前例的国土资源考察活动成果的文字记录就是《山海经》中的《五藏山经》。

在《五藏山经》中，记录了帝禹时代人们最关心的生存资源，包括水资源、植物资源、动物资源、人文资源，以及铜矿石、铁矿石、玉矿石等矿物资源。在先夏时期，人们还不会制造铁器，铜器也是刚刚开始出现。那么帝禹时代为什么要特别注重铜矿石、铁矿石呢？这是因为，铜矿石、铁矿石在那个时代主要用于制作颜料，例如铜矿石可制作绿色或蓝色颜料，赤铁矿可制作红色颜料，磁铁矿可制作黑色颜料，这些颜料在人们生活中扮演着极其重要的角色。事实上，对颜料的重视是中华文明与文化的一大特征，早在一万八千年前，山顶洞人就已经把铁矿石粉末撒在死去的亲人身旁了。进一步说，正是古人对颜料的追求和加工，促成了烧陶技术和冶金技术的发明，以及陶器和金属器具的应用。

古代先民如何认知所处的宇宙环境？

除了对自然资源的利用之外，那个时候的人们，也对自身所处的宇宙环境有了基础的认知。那么，在他们的理解中，世间万物又是如何运转的呢？

在《山海经》开篇《禹曰》中有这样一段描述：

"地之所载，六合之间，四海之内，照之以日月，经之以星辰，纪之以四时，要之以太岁，神灵所生，其物异形，或夭或寿，唯圣人能通其道。"

意思是说，人类赖以生存的大地，位于宇宙三维空间里，大地四周是浩瀚的海洋，太阳和月亮照耀着大地，北斗星指明着方向，春夏秋冬四季循环往复，木星运行影响着地球旱涝气候的周期变化。万物由神灵所生，它们的形态各异，寿命有长有短，其中的规律只有那些拥有高度智力的人才能够理解和掌握。

文中提到的六合即上下、左右、前后，亦即三维空间。太岁即木星，古人认为木星十二年一周天的运行，能够影响地球的气候发生周期变化。木星是古代中国人和古埃及人最关注的星辰之一，或许是那时的木星比今天的木星更明亮的缘故。木星是太阳系里最大的一颗行星，每12年（现在测定值为11.86年）围绕太阳转一周。木星的存在对地球的生命有着至关重要的意义，因为它巨大的引力能够把太阳系里大多数偏离轨道的彗星、小行星吸引到自己身上，从而大幅度减少了这些"不规矩"的彗星、小行星撞击地球的概率。人们只要掌握了天地循环变化的规律，就可以提前做好准备，并由此获得丰厚的经济利益。

所以古人从那个时候就开始观察世界，也对宇宙的运行有了基本的了解。与此同时，我们还能够从《山海经》中获得数千年前的生态环境和人文活动信息，它们涉及那个时代的地理、地貌、湖泊、沼泽湿地、沙漠、山川，矿物分布信息（古人对颜料矿石的寻找和加工促成了冶金术的诞生）、植物分布信息（记录着气候变迁）、动物分布信息（记录着动物的迁徙与灭绝、变异与演化），民族部落的分布、交往、迁徙信息，以及那个时代的医药学、预测学、天文学、历史学、民族学等人文活动信息，其中大量信息是从出土骨头、陶片中难以获得的。所以说，《山海经》是一部百科全书式的宝藏。

《五藏山经》：如何解密山脉排列背后的规律？

接下来具体讲讲《山海经》的山川和水文，也就是《五藏山经》中的具体内容。

《山海经》中的"经"字，按我国著名神话学家袁珂先生的解释，当初原本是"经历"的意思，后来才有了"经典"的内涵。其实，《山海经》中的"山"字，也不全指山峰、山脉，而是地貌、地望、地名的通称；"海"字也不全指海洋、湖泊，而是水泽地名的通称，有时则是大区域的代称，类似我们今天常说的瀚海、沙海、盐海、煤海、灯海、花海、人海等。

《山海经》是我国最早的百科全书，大禹治服洪水、划分九州之后，率众大臣和科技人员考察山川大地，记录物产、风情，撰写"国土资源白皮书"，绘制物产风情图 。可惜古代的《山海经图》久已失传，所幸考察内容被记录在《五藏山经》中 。所以，《五藏山经》是《山海经》中最古老、地理学价值最大的部分。

《五藏山经》是《山海经》中最古老、地理学价值最大的部分

《五藏山经》全文 15000 多字，山名 347 个，它把我国的山地分为南、西、北、东、中五个走向系统，每个系统中的许多山又被分成若干行列，即若干次经，依次分别叙述它们的起首、走向、相距里数和结尾。关于《五藏山经》之名，"藏"有多层意思，在《五藏山经》里是储藏之意；"山经"含有今天所说的"山脉"之意，不过当时只有把山隔成行列的概念，而缺乏山势连绵的意义。因此"五藏山经"意为五个区域的山川里蕴藏的自然资源，其准确的书名应当是《山藏五经》。

其中《五藏山经》的开篇内容《禹曰》记载了大禹颁布的一份告示，大致内容是：天下有名的山，考察了 5370 座，总里程 64056 里，都是可以居住的地方。《五藏山经》只记述了一部分大山，其他小山太多了，无法一一记述。大地东西方向 28000 里，南北方向 26000 里。有河流发源的山总里程 8000 里，下游河流的总里程 8000 里。出产铜矿石的山 467 座，出产铁矿石的山 3690 座。

《五藏山经》记述了多处产铁之山，由于我国在春秋战国时期才开始广泛使用铁器，因此有学者便据此认为这是《山海经》成书不早于春秋战国的铁证。其实这是一种误解，事实上，《五藏山经》记述的铁矿、铜矿主要用于制作颜料，冶金术实际上是从制作矿物颜料的过程中得到启发而发明的。据学者徐南洲先生研究，《五藏山经》记录的矿产可分为 12 类、90 余种，其中玉分为 20 种（产玉之山上百座），石有 42 种；并记有 155 处产金之地，它们多数都是金属共生矿（涉及黄金、银、铜、铁、锡、汞等）。据医史文献专家赵璞珊先生研究，《五藏山经》记录了种类繁多的药物，其中矿物类 5 种，植物类 28 种，木类 23 种，兽类 16 种，鸟类 25 种，水族类 30 种，其他 4 种。这些药物均为单味药，而且也没有说明剂量，充分显示出其年代的古远。

4000 多年的考察队，工作有什么章法？

令今天的我们惊讶的是，这支活跃在 4000 多年前的考察队，他们的工作很有章法，每到一处，都要记录下当地的山名、地形、地貌、地名、水系、矿产、植物、动物、人神活动，以及特殊物产的用途、特殊人神的威力，还要测量出下一座山的方位和与这座山距离的里数。《五藏山经》所说的"里"的长度，尚无准确的考证。可以参考的是，周、秦、汉时的一里等于 415.8 米，清光绪时一里等于 576 米，从 1929 年至今一里等于 500 米。此外，经文所说天地东西、南北的距离，与今日地球的赤道和极地的直径长度相近。

所以这是一份很翔实的地理考察记录，而这种自然资源分布的差异，也让不同地方分别适合耕种不同的农作物。能干的人们生活富裕，不能干的人们生活匮乏，这又导致了战争和贸易活动。前后有 72 位帝王在泰山举行祭天礼仪，在梁父山（今山东省新泰境内）举行祭地礼仪。他们在感天谢地的同时，反思执政举措的利弊得失，这是确保国家兴盛的关键所在。

如果对照《五藏山经》的记载和现在的地理面貌，我们会发现，《五藏山经》中提到有些山名今天仍在使用，但由于原著对五大系统中各个山列的方位、距离的说明不够准确，加上一些虚构、夸张的内容，造成后人的许多误解和争论。不过，山经中有关地形的描述，基本上遍及我国各地，反映了当时的人们已经认识到的"天下形势"。

不同形态的山脉分别对应现在中国的哪些区域？

《五藏山经》所记述的东西南北中 5 个区域里的 26 条山脉、447 座山及其水系，其涉及的地理方位与华夏文明圈大体相当，唯独缺少东北和西南地域的山川情况，这可能是因为当时考察者足迹未到，也可能是原文缺失，或者其他我们今天尚未认识到的原因。

　　前文说到，《五藏山经》把我国的山地分为南、西、北、东、中5个走向系统，依次记录在《南山经》《西山经》《北山经》《东山经》《中山经》中，那么当时人们的记录还能在当下找到踪迹吗？不同形态的山脉分别位于现在中国的哪些区域呢？

　　经过研究发现：《南山经》的3条山脉位于今日长江以南的广东、福建、浙江诸省，以及湖南西部、江西中部和南部、安徽南部、江苏南部；《西山经》的4条山脉位于今日秦岭以北、托克托至潼关段黄河以西；《北山经》的3条山脉位于山西和河北全省、辽宁西部，以及内蒙古中东部至蒙古草原；《东山经》位于山东省、江苏中北部、安徽中北部，以及东海诸岛；《中山经》的12条山脉位于上述地区之中。

　　显然，东西南北中5个区域存在着相互衔接的关系。它们彼此之间存在着某种没有直接说出来的排序规则，这种规则就是先内后外、先近后远、先中心后外围。在上述26条山脉里，存在着一个地理方位中心点，共计9条山脉从这里或其附近开始记述。它就位于今日渭水与黄河交汇处，亦即华山、中条山、崤山的交汇处的潼关附近。当然这种《五藏山经》方位的文献考证，还有待于进一步实地勘查的验证。

从南到西：外来考察者的忠实记录

《南山经》记录了哪些南方自然景观和物产？

　　首先是《南山经》，它是《山海经》的第一篇，也是《五藏山经》的第一卷。它一共记录了3条自西向东的山脉，不仅描绘了这个地理区域内的自然景观和物产，还记录了当地居民祭祀山神或祖先的仪式和祭品，位置大概在今天长江以南的广东、福建、浙江诸省，以及湖南西部、江西中部和南部、安徽南部、江苏南部。

　　《南山经》中的第一条山脉叫作鹊山，其中第一座山叫作招摇山，大约位于今日湖南境内的衡山或九党荆山。

　　在《山海经》中是这样描述的：

　　"《南山经》之首曰䧿山。其首曰招摇之山，临于西海之上，多桂，多金玉。有草焉，其状如韭而青华，其名曰祝馀，食之不饥。有木焉，其状如穀（gǔ）而黑理，其华四照，其名曰迷穀，佩之不迷。有兽焉，其状如禺而白耳，伏行人走，其名曰狌（xīng）狌，食之善走。丽麂（jī）之水出焉，而西流注于海，其中多育沛，佩之无瘕（jiǎ）疾。"

南部山区的第一条山脉是誰山；第一座山是招摇山，紧临西海，多桂树，多金属矿、玉石矿。有一种草，样子像野韭，却开青色的花，名叫祝馀，吃了它就不会饥饿。有一种树，样子像构树，却有黑色纹理，它的花好似阳光，光芒四射，名叫迷毂，佩戴它的花可以不迷路。有一种野兽，样子像猴，却长着白色的耳朵，既能四条腿爬行，也能像人一样直立行走，名叫狌狌，吃了狌狌的肉就能够快步走。其中，"禺"为猿猴类总称，"狌"即猩猩，或者是白耳猕猴；所谓吃了它的肉"善走"，与今天人们所说的吃什么补什么、食什么像什么，是一脉相承的。丽麂水从这里发源，向西流入海里，丽麂水即洣（mǐ）水，西海即今日的衡阳盆地，当时或为湖泊，在古人的眼里，湖泊亦可称为海。水中有许多名叫育沛的贝类，佩戴它们的壳做成的装饰物就不会患腹部疾病。

从以上的记述口气可知，记录者应该是一名外来的实地考察者，在忠实地描述所看到的情况。事实上，《山海经》的文字，绝大多数使用的都是陈述句，有什么说什么。

一路从西再往东走，最后一座山是箕尾山，记载如下：

"又东三百五十里，曰箕尾之山，其尾踆于东海，多沙、石。汸（fāng）水出焉，而南流注于淯（yù），其中多白玉。凡鹊山之首，自招摇之山，以至箕尾之山，凡十山，二千九百五十里。其神状皆鸟身而龙首，其祠之礼：毛用一璋玉瘗（yì），糈（xǔ）用稌（tú）米，一璧，稻米，白菅为席。"

继续向东 350 里是箕尾山，它的余脉深入东海，有许多沙石。汸水从这里发源，向南流入淯水，有许多白玉石矿。鹊山这条山脉，从招摇山到箕尾山，共有 10 座山，总里程 2950 里。当地居民供奉鸟身龙首的图腾神，祭神的礼仪是：祭神时要把带毛的动物与玉璋一起埋入地下，还要把精米糯稻、一枚玉璧和稻米陈列在白菅草编织成的席子上，供神享用。

箕尾山是《南次一经》的最后一座山，它深入东海之中。不过，这里的东海并非指今日我国东部的东海，而是指今日的鄱阳湖。这是因为，《南次一经》的西海、东海是就此一小地区的方位而言，并不是就华夏大地的整体大方位而言，当然也可能有错简。

在这个区域里的居民，供奉祭祀的山神或祖先神是鸟身龙首之神，表明此地人的祖先是由鸟图腾和龙图腾的部落结合而成的。祭神要用有毛的动物，与玉璋一起埋入地下。此外，还要把精米糯稻、一枚玉璧和稻米陈列在白菅草编织成的席子上，供神享用。璋状如半圭，璧为薄片状圆环，它们分别象征天和地，以及男性祖先和女性祖先，属于中国古代最常见的礼器。中国是玉文化的发源地，最早的玉器是玉玦（出土于七八千年前），具有通灵共鸣之神效。玉璧源于象征日环食，后来演变为敬天的礼器。璇玑是有齿的玉璧，象征日珥和日冕，后人误解为齿轮或观星器具。玉琮是古代窥管（望远镜）的礼器化，因此玉琮上通常都刻有眼睛的图案。古人相信窥管是神权的重要标志物，三星堆神像的凸目亦是窥管的造型。

从《五藏山经》的文字可知，撰写者使用的均为陈述句，描写甲地与乙地相隔多远、方位如何，当地有什么东西，这种东西有什么功能，显然属于实录性质的考察报告。但是，在《山海经》的研究领域，有一部分人却宁愿相信《五藏山经》中山与山的距离和方位、山名、内容统统都是虚构的。在他们看来，古人在4000多年前能够考察地理是天方夜谭。其实在四五千年前，埃及人已经修建起庞大的金字塔，中国人站在山头上测量和另一座山的方位和距离，并不比修建金字塔更让人难以置信。

在《南山经》的第二座山脉《南次二经》中，还记录了一座大家相对比较熟悉的山——会稽山，文中是这么描述的："又东五百里，曰会稽之山，四方，其上多金、玉。"这里描述的会稽山是四方形的，山上有许多金属矿和玉石矿。会稽山是华夏名山之一，相传大禹来此地召开天下诸侯大会，商议治水大计，后人便称这里为会稽。今日浙江绍兴境内的会稽山有大禹陵，据说大禹就葬在这里。值得注意的是《山海经》记述众帝葬所，唯独没有提及禹帝葬所，似乎表明在《山海经》撰写时代或其资料来源时期，大禹尚在人世。有趣的是，安徽怀远县境内的涂山，相传也是大禹会诸侯计议治水的地方，当地有禹会村、禹王宫、涂山祠等名胜。

《西山经》：古史传说中的不周山是一座火山？

介绍了关于华夏大地南方的《南山经》，下面为大家介绍关于西北地区的《西山经》。《西山经》中一共有 4 条自东向西的山脉，方位大体在今日陕西、宁夏、甘肃、青海一带。

其中《西次四经》前半段的 9 座山，均有水系流入黄河或洛水，表明这一区域黄土高原的水系发达，有可能已经出现植被破坏和水土流失现象。对比之下，《西次二经》诸山所出水流则较少，似乎表明这一区域黄土高原的植被生长状况相当不错，黄土高原尚未遭到切割；当然，导致上述现象的原因，也可能是两地降雨量存在差异。事实上，如果我们能够正确地或基本正确地复原再现《五藏山经》那个时代的自然环境景观，一定会有助于我们今天更好地认识自然环境变迁的过程及其规律。

其中《西次三经》记载了一座中国古史传说中的名山——不周山。《山海经》中有许多以"不"字命名的山，例如不周山、不句山、不庭山等。春秋战国时也有不少人的姓名里用"不"字，例如申不害、吕不韦等。"不"字有多意，除了常用的否定、无的意思之外，又通"丕"，是为"大"的意思。不周山是一个有缺口的环形山，或为火山口，或为陨石坑。如果共工撞倒不周山引起天塌地陷的传说有着事实背景，那么不周山有可能是天外星体撞击而形成的大型陨石坑。

从不周山一直再往西边，则有一座天山，文中是这样记载的：

"又西三百五十里，曰天山，多金玉，有青雄黄。英水出焉，而西南流注于汤谷。"

　　继续向西 350 里是天山，有许多金属矿、玉石矿，还有青雄黄。英水从这里发源向西南流入汤谷。此处的天山，位于今日新疆境内的天山山脉东段。英水流入的汤谷，位于今日的哈密盆地或吐鲁番盆地，这里是我国夏季气温最高的地方，七月平均温度为 32.7℃，有记录的最高气温达 49.6℃。在阳光的直射下，水淖里的水温可以上升到烫手的程度，称之为"汤谷"不为过也。

　　再往西，就是古人知道的最西边的一座山叫作崦嵫山，古人相信太阳最终就落在这里。

远古时期的『地理中心』到底在哪里？

接下来介绍《北山经》，重点讲述古史传说中最著名的一座山——昆仑山。

《北山经》共记述了 3 条自南向北的山脉，它们分别是北次一经、北次二经和北次三经。其地理方位位于山西和河北全省、辽宁西部，以及内蒙古中东部至蒙古草原。需要解释的是，那时的华北平原或者被海水淹没，或者有许多大湖泊以及大面积的沼泽湿地。或许正是这些地区的自然环境不适于人类居住，因此在《五藏山经》里很少有描述华北平原的内容。导致上述自然环境变迁的主要原因是海平面的变化，在18000 年前，海平面比今日低 150 米（不同的研究者得到的数字有差异），渤海为陆地。此后全球气候变暖，海平面随之上升，在 7400 年前达到最高点，海岸线西进到今日太行山脚的京广铁路线一带，此后海平面逐渐回落，海岸线也随之东退。事实上，精卫填海和愚公移山（将山石运到东海边）的故事，正是对上述沧海桑田变化的古老记忆。

古史传说中的昆仑山究竟在今天的什么地方？

众所周知，在我国历史地理学上有一个重大的文化之谜。相传我国远古有一处著名的地方，被称为昆仑墟（或昆仑丘、昆仑山），在它的附近还有一座形状非常奇特的山——不周山。围绕着昆仑墟、不周山有着丰富多彩的古神话传说，记录着那个时代先民的生息活动、思想感情，以及自然界发生的重大事件。显然，如果我们能够确切地知道古昆仑墟、不周山在今日的何地，无疑将对我们了解中华民族文明起源发展史以及研究我国自然环境变迁史产生极为重要的影响。

那么，古史传说中的昆仑山（又称昆仑丘、昆仑墟）究竟在今天的什么地方？研究《山海经》的学者对此也是众说纷纭。有人说它在青藏高原，有人说它就是祁连山或泰山，或者在云南，此外，也有人说它在海外的印度、中东等地，还有人说它纯属虚构。由于年代久远、沧海桑田、古籍残缺，我们已经说不清昆仑墟的确切位置了，许多学者为解决这个问题付出了艰巨的努力，然而众说纷纭，莫衷一是。王红旗之前的研究初步认为，昆仑墟应在今日的黄河河套附近。

我国自古就有"河出昆仑"之说，因此许多人都想当然地试图从现在的黄河源头寻找昆仑山。其实，在帝禹时代，人们所认识的黄河源头被称为泑（yōu）泽，它实际上位于今天黄河前套地区，那里曾经是一大湖泊，此后，由于河套古湖泊的消失，古人误将罗布泊当成泑泽。事实上，汉字里的古地名所用的字，往往就是一幅幅地图，英国学者李约瑟博士在《中国科学技术史》一书中也注意到了这种情况。从这个角度来看"河"字，三点水旁表示河流，口字表示有人在这里居住，一横一竖则代表着黄河河道的地形图，即黄河从前套向南流至潼关，再直角转向东流入海。

众所周知，现存古籍中以《山海经》记录的昆仑山的信息最多。不过，首先，我们需要明确三个问题：第一，《山海经》中所说的山，并不全是我们今日所理解的地形上的山，它常常是地名的称谓，如禹攻共工国山，帝之搏兽之丘，这是判断《山海经》中山的方位的关键；第二，远古凡是强大、兴盛、发达的部落，其居住的地方一般来说应是富饶之地，否则难以养育出强盛的部落；第三，远古自然环境与今日多有不同，某些地方有着极大的不同，因此我们必须考虑古地理的变迁。

《山海经》中如何记载昆仑山？

接下来，我们来看看《山海经》里具体是怎么说的。

《北山经》的《北次一经》记载：

"又北三百二十里，曰敦薨（hōng）之山，其上多棕、楠，其下多茈草。敦薨之水出焉，而西流注于泑泽。出于昆仑之东北隅，实惟河原。"

继续向北 320 里是敦薨山，山上多棕树、楠树，山下多紫草。敦薨水从这里发源向西流入泑泽，这里位于昆仑的东北角，正是黄河的源头。

此处经文是解读中国古地理的最重要的文字之一，它明确指出昆仑、泑泽与黄河源头的关系，即黄河发源于泑泽，昆仑在泑泽之西南。这里南下可到渭水流域，东行可入山西、河北，从两路均能入中原，我国远古神话传说记载的最著名的部落战争，即黄帝与炎帝（渭水流域）之战，黄帝与蚩尤之战（山西、河北），其方位亦大体相合。

《北次一经》有三四座山所发源的水系均向西流入泑泽，以上经文明确指出泑泽"出于昆仑之东北隅，实惟河原"，这种方位关系的判断，在《山海经》研究领域被称为"以水定山"。事实表明，这是一种非常有效的方位判断方法。其道理在于，一般来说，从山地发源的水系，其地理位置是比较稳定的，在几千年到几万年之间通常都不会发生什么变化；除非其间出现重大的地质灾变，例如山崩积石导致河流改道。此外，对古代人来说，水比山更重要，没有水就不能生存，因此他们对水系，特别是那些重要的水系的记忆往往更准确一些。

据古气候研究，大约在一万年前冰期结束，气温逐渐回升，七八千年前进入大西洋期，气候温暖潮湿（相对冰期而言）。河套一带当比今日更为富饶，前套、后套一带今日仍水系繁多，那时实为大的湖泊。此后，我国北方气候逐渐干燥，黄河的前套古湖（渤泽）和后套古湖（稷泽）逐渐干涸，人们对黄河源头的认识也逐渐从渤泽不断向西延伸，昆仑地望亦随之西迁（直至西汉，才追溯到星宿海）。与此同时，随着黄帝部落势力的不断扩张，特别是战胜炎帝、蚩尤之后，黄帝部落的活动中心也从鄂尔多斯高原向中原地区转移，昆仑的政治地位则随之不断降低。正是在这种情况下，后人才逐渐搞不清昆仑山究竟何在了。

遗憾的是，长期以来，许多学者都误以为《五藏山经》的昆仑丘即现在青藏高原的昆仑山，渤泽则远在西陲的罗布泊，并固执地相信古代黄河从那里发源，然后又在沙漠里潜行千里。事实上，正是由于存在这种误解，人们在解读远古文明信息的工作上，走了许多弯路。

异常天体与地球相撞？

当然，上述讨论，仅仅是许许多多对远古神话传说解释的其中一种。到目前为止，我们只能推断昆仑墟在今日河套以南、陕西北部的某一地方，对于实地考察来说，这个区域仍嫌过于广阔，而且昆仑墟很可能已被风沙埋没，如果没有一些特殊的标记，恐怕很难寻找。为此，我们考虑到昆仑墟附近的不周山，前面已经说过，不周山可能是一个巨型陨石坑，如果我们能够找到不周山，那么寻访昆仑墟也就有希望了。

因为特大天外物体进入地球大气层以后，往往发生爆炸、破碎，因此可

这 就 是 山 海 经

能形成大小不一的多个陨石坑，并有可能留下许多陨石碎片。如果我们能够找到不止一个陨石碎片，并能测定它们形成于同一时期，而且不同地点发现的陨石碎片的成分相同，那么我们就有可能计算出这颗天外物体的体积、重量以及运动轨迹，从而能够准确地描述这一事件。

我们知道，世界上许多国家和地区都流传着远古天空曾出现异常天体的神话，其中美洲神话与我国最为接近：如称太阳曾被一猎人追逐，并被猎人用箭射伤；天神制造出两个太阳，发出同样炙热的光芒，后来将一只兔子扔到其中一个太阳上，这个太阳就变成了月亮；巨神纳卡威曾把月亮扔到大海里，引起洪水泛滥。但是，任何一个其他的国家都没有记录过异常天体与地球撞击点的准确位置，更没有记录过这种撞击引起了地轴倾角变化的现象。这一方面说明我国先民的高度文明，另一方面也说明这次撞击点正好在我国先民聚居的地区。

事实上，自人类有了语言，有了历史观念，并掌握传说工具（这是在发明文字以前，人类积累和传递信息的主要手段）之后，巨大的天外物体与地球相撞事件肯定不只发生过一次，比如小的陨石、流星则不计其数，因此国内外有关天外物体与地球相撞的神话传说，也许发生在不同时期。但是，我国比较具体生动的远古神话传说都与这一事件有关，它们仿佛发生在同一时期。也就是说这一事件刺激了先民的思想，新石器时代文明的迅速发展受益于此。

古今之间，『沧海桑田』是如何变迁的？

在接下来我们把目光聚焦在东部沿海地区，了解《东山经》中描绘的地理风貌，以及另外一卷《中山经》记载的内容。

《东山经》：沧海桑田之变

《东山经》共记述了 4 条自北向南的山脉，它们分别是东次一经、东次二经、东次三经和东次四经，其地理方位包括今日的山东省全境、江苏省和安徽省的中北部，以及黄海、东海的部分岛屿，其东端可达日本列岛。

熟悉山海经地理方位研究领域情况的人都知道，对《东山经》和《南山经》古今地名的方位考证是一个长期困扰学者的重大疑难问题。从符号学角度来说，远古文字符号信息的解读需要借助某种客观的参照系，而可靠的参照系之一就是自然环境的变迁。也就是说，我们在解读《东山经》等古代文献所记录的地理信息时，不能简单地用今天的地形地貌与之对照，而是要回到古代的地形地貌中去研究二者的关系。

例如，《东次三经》记述的诸山，按方位大体相当于今日的胶莱平原一带，但是它们之间均有海水相隔，与今日山东省地形地貌全然不同。然而，根据我国地图出版社 1984 年出版的《中国自然地理图集》一书中的"华北平原的成长图"可知，在 4200 年前，海岸线比今日偏西许多，山东半岛尚被海水分隔，从胶州湾到莱州湾的胶莱平原是一片汪洋。这就表明《东次三经》记述的地理地貌实际上符合 4200 年以前的自然环境，《五藏山经》有实测依据，只是由于沧海桑田变化而不为后世学者所知。

我们看看《东山经》中的具体记载：

"《东山经》之首，曰樕螽（sù zhū）之山，北临乾昧。食水出焉，而东北流注于海。"

这段话的意思是，东部山区第一条山脉的第一座山是樕螽山，它的北面与乾昧相邻。食水从这里发源向东北流入渤海。

根据《五藏山经》26 条山脉由近向远、由内向外、由中心向外围的分布规律，《东山经》记述的 4 条山脉中东次一经应当位于《东山经》的最西部，并且与《中山经》东部和《北山经》南部的山脉相邻。文中提到的"乾昧"是一个曾经非常著名的地名，但是我们今天却不清楚它在哪里。这里有食水向东北流入海中，此海即渤海，当时渤海的面积要远比今日宽阔，其海岸线大体在潍坊、淄博、济南、德州、保定、北京通州至秦皇岛一带。据此可以推知，东次一经的第一座山当位于今日山东丘陵地区的西北角。

泰山

从北一直往南走，会遇到大家今天非常熟悉的一座山——泰山，文字是这样记录的：

"又南三百里，曰泰山，其上多玉，其下多金。"

继续向南 300 里是泰山，山上多玉石矿，山下多金属矿。

此处泰山即今日的东岳泰山。泰山海拔 1545 米，乃齐鲁大地唯一的高山，大汶河即发源于泰山山脉，那里有 5000 年前的大汶口文化遗址。在 7400 年前海侵最甚时，泰山一带几乎变成海中孤岛，并成为周边地区逃难者的救生之地。

再往南，《东次三经》记载有一座孟子山，这座山上有许多梓树、梧桐树、桃树、李树，还有许多菌类、蒲草，野兽以麋鹿为多。这座山"广员百里"，意思是方圆百里，山上有名叫"碧阳"的瀑布流下。

我们刚才提到，《东次三经》的前几座山当在今日山东半岛的胶莱平原一带，但是《东次三经》诸山彼此都被海水分隔，而今日山东半岛并无此种地貌景观，黄海上也没有什么值得一提的海岛，这使许多学者都大惑不解，有的学者只好勉强将其说成是浙江、福建沿海的舟山群岛等地。其实，距今 7400 年前（或更早一些）至 4200 年前之间，今日的胶莱平原被海水淹没，其中的高地则出露海平面为山为岛，《东次三经》描述的正是那个时代的地形景观，经文多处出现"广员百里"的说法则是对海岛地形的准确记述。

值得注意的是，《东次三经》前 4 座山均为从北向南走向，至中父山之后转向"东水行千里"至于胡射山；考虑到海上距离的测量误差较大，胡射山有可能是今日朝鲜半岛西南海域的大黑山岛，而孟子山则可能是今日的济州岛。孟子山或作孟于山，这里发源的水名叫"碧阳"，有点像是瀑布的写照。"广员"又称广轮、广袤、广运、幅员，古人以东西为广、南北为轮。

《中山经》：记述山脉最多的区域

说完了《北山经》，我们来了解一下《中山经》。现存版本的《中山经》

共记述有 12 条山脉，是《五藏山经》记述山脉最多的区域。其范围包括今日的河南、湖北、四川、重庆，以及陕西南部、湖南北部、江西北部、安徽西部。这一区域及其周边地区是我国重要的文明发祥地，著名的仰韶文化就是以河南省渑池县城北仰韶村的先夏文化遗址命名的，距今已有五六千年的时间。

嵩山

在《山海经艺术地理复原图》组画中，我绘制了一幅《中山经嵩山图》，它是根据中次三经、中次七经所记述的自然地理和人文地理内容而创作绘制的，其主要地貌景观即中岳嵩山，亦即中次七经记述的泰室山和少室山。嵩山，古又称方山、崇山。嵩山山脉的泰室山主峰海拔 1492 米，少室山主峰海拔 1512 米，其东南麓的告成镇，即古书所说的禹都阳城，当地有闻名于世的观景台和观星台，观星台又称周公测景台。

关于泰室山和少室山名称的由来，当地流传的故事说，大禹治水来到涂山，年过30还没有娶媳妇，涂山的老百姓就把最好的姑娘涂山娇嫁给了禹。禹带着涂山娇回到崇地，涂山娇的妹妹涂山姚跟着姐姐一起来到崇地，涂山娇住在崇山脚下，涂山姚住在季山脚下。后来禹化成熊去开凿龙门的轩辕关，被涂山娇看到，涂山娇一气之下变成了石头人，禹从石头人中唤出了自己的儿子启，就交给涂山姚抚养。从此，人们就把涂山娇居住的崇山称为泰（太）室山，把涂山姚居住的季山称为少室山。

古老的矿山

另外，在《中山经》的《中次八经》中，还记录了一系列的矿山，所述区域大体在今日湖北省的荆山、大洪山一带。值得注意的是，《中次八经》

所述区域的 23 座山有 11 座山出产金（包括银铜），此外还有龙山产赤锡、灌山产白锡，表明这一带有着发达的采矿活动，目的主要是制作颜料和冶炼青铜器，或许也包括贸易。今日湖北省大冶市境内的铜绿山是一处古老的矿山，赤铁矿、孔雀石、自然铜至今仍然遍布满山，每逢雨后，铜绿如豆点缀于土石之上，故而得名。经考古发掘，这里已清理出西周、春秋至汉代的采矿井巷数百条，矿井深度 50 余米，附近还有殷商、西周以及宋代炼铜遗迹和遗物。

所以，《五藏山经》中的记录，很多都能够和当下的山川、水文和遗迹对应上，这也是为什么现在大家越来越重视《山海经》的地理文献价值的原因。

七

华夏大地上的炎帝、黄帝各部落为何争战不休？

上一节讲到了昆仑山的具体位置，传说部落领袖黄帝的都城就建在昆仑山上。这一节，就来讲讲包括黄帝在内的华夏民族早期部落的故事。

我们经常称自己为"炎黄子孙"，这个说法是怎么来的？其实很多人应该都知道，"炎黄子孙"源自中国远古时期的两个部落首领——炎帝和黄帝。传说中，炎黄两个部落开战，黄帝打败炎帝，两个部落渐渐融合成华夏族，也是中华民族的代名词。

黄帝部落的政治重地在哪里？

先来介绍黄帝和他的部落。昆仑丘是黄帝部落的政治文化中心和文明发祥地，上一节说到了，昆仑山的地理方位在后世长期争论不休。根据《五藏山经》记载，昆仑丘位于今日黄河河套南部、陕西省北部的鄂尔多斯高原，古时候这里水草丰茂，四周有天然屏障，曾孕育出著名的细石器文化。事实上，一个伟大民族的兴起及其灿烂文明的产生，不可能发生在生存环境严酷贫瘠的土地上。有 4 条河流从昆仑丘发源，其中最著名的就是黄河，它发源于昆仑丘的东北，向南一泻千里，然后东折流入大海。

黄帝的都城建立在昆仑丘上，管理和守卫帝都的长官名叫陆吾，神陆吾的样子是虎身，却长着九尾、人面虎爪，他管理着九重天和黄帝的动物园，也兼管天文星象观测和颁布历法、预告季节时令。

还有一种名叫土蝼的野兽，样子像羊，却长着四只角，吃人，实际上是司法官，其装束可能源于神羊断案的习俗。司帝之百服的鹑鸟，实际上是帝都的后勤官，我国古代有以鸟名来命名官职的习俗。还有吃了沙棠果就不会溺水的说法，表明当时这里水系发达，人们经常要涉水往来。

黄帝部落的经济和军事重地位于阴山山脉以南的黄河河套一带，而在北面的阴山地区，东边的恒山地区，居住着槐鬼、有穷鬼等强悍的部落。在古汉字中，鬼、黄、冀、男、畏等字里的"田"字符，原义均指首领的面具或代表部落身份的装饰物。有穷氏是远古著名部落，其代表人物是羿，擅长射箭。在山西峙峪旧石器遗址，出土了距今 28000 多年的石箭头。

牛郎织女的典故是怎么来的？

有趣的是，当时黄河河套地区还住着一个叫"鼓"的部落，神话学家袁珂认为这是炎帝部落，或可称为"河鼓"，"河鼓"就是天上的星星，相传是牛郎所变，炎帝部落是以牛为图腾的。与此同时，黄帝的妻子嫘祖，以发明养蚕纺丝著称，乃名副其实的"织女"。据此，牛郎织女的民间传说，可能记录着炎帝部落与黄帝部落青年男女冲破两部落敌对情绪而通婚的故事，而正是他们的爱情促成了炎黄两大部落的和解与融合，并形成了统一的中华民族。因此，河套地区很可能是中华民族的文明摇篮之一。

石峁古城遗址是当年的黄帝都城吗？

特别值得注意的是，2011 年考古部门对位于陕西省神木市（位于鄂尔多斯高原之上、毛乌素沙地的东缘）高家堡镇洞川沟附近的石峁遗址进行调查时，发现一处先夏时期规模巨大的石砌古城，石砌城墙、城门保存较好，面积为 425 万平方米。石峁古城遗址规模远大于与其年代相近的良渚古城遗址、陶寺古城遗址等，成为目前已知先夏时期城址中最大的一处。根据出土陶器、玉器及其地层关系，专家初步认定皇城台建造的年代最早，属于龙山中期或略晚，距今 4300 年左右；内城、外城兴盛于龙山晚期，约在夏初时期（4000 年前）被毁弃，该石城使用寿命超过 300 年。

石峁古城遗址出土或采集到的磨制玉器十分精细，其原料主要为墨玉和玉髓，有刀、镰、斧、钺、铲、璇玑、璜、牙璋、人面形雕像等。神话学家叶舒宪先生注意到石峁石砌的墙体中插入玉器于石缝中的异常现象，并认为神话传说中的"玉门、璇室、瑶台"在石峁遗址中有所体现。所以石峁古城遗址很可能是当时黄帝部落联盟都城昆仑所在地，或者是黄帝部落联盟重要的城池之一。

《五藏山经》记述了两座帝都，除了黄帝的都城昆仑丘"帝之下都"之外，在《中次二经》中还记载了他的后宫"帝之密都"，文字是这样记录：

"又东十里，曰青要之山，实惟帝之密都。"

继续向东 10 里是青要山，这里是帝禹的后宫。"帝之下都"为黄帝部落的大本营，"帝之密都"为帝禹时代的后宫，它们在当初都应是庞大的建筑群，可惜早已荡然无存了。后来位于偃师的二里头夏文化遗址出土了大型宫殿基址（有人认为属于商代），面积达 10000 平方米，或为"密都"遗址。

《山海经》记有多处古代城池和大型建筑物，可惜尚无人深入确考其遗址遗迹。据学者任式楠先生《中国史前城址考察》一文，我国已发现 6000 年前至 4000 年前的古城遗址 50 余座，其中华北平原及黄河中游地区 6 座，山东半岛 18 座，黄河河套地区 18 座，成都平原及四川盆地 6 座，江汉地区 6 座，此外太湖及其周边地区亦有大规模的古代都邑建筑遗址。

帝台宴请百神的地方在哪里？

除此之外，《山海经》还记录了一座帝台宴请百神的地方。这被记录在《中次七经》中：

"东三百里，日鼓钟之山，帝台之所以觞百神也。"

向东 300 里是鼓钟山，这里是帝台宴请百神或四方贵宾的地方，届时钟鼓齐鸣，主宾举杯畅饮。河南省舞阳县曾出土了一批 8000 年前的骨笛，浙江省余姚市出土了 7000 年前的埙，其他地方也出土了各种陶号角、石磬、陶鼓等先夏时期的乐器，说明古人使用的乐器种类还是相当丰富的。

那经文中提到的这位"帝台"又是谁？《山海经》多处记有帝台事迹，从帝台的身份和活动来看，他是先夏时期相当有影响的部落联盟首领或古国帝王，但是在《山海经》之外的其他古籍里，却没有关于帝台的记载，这究竟是为什么呢？我们知道，帝俊又称帝舜，商又称殷。或许帝台也另有所指，王红旗先生推测它很可能就是帝禹的别名，而其得名与帝禹曾经建造众帝之台有关。值得注意的是，《中山七经》的核心是少室山和泰室山，休与山、鼓钟山位于少室山和泰室山的西面，少室山和泰室山即中岳嵩山，历史记载和民间传说都称这里是帝禹的故里和娶妻生子的地方，这就进一步表明帝台很可能就是帝禹的别号。

炎帝有哪三种身份？

除了黄帝和大禹之外，大家熟悉的上古时期领袖还有炎帝。炎帝部落是中国古代最著名的部落之一，其功绩主要为发明推广农业生产技术和发现

这 就 是 山 海 经

草药，因此炎帝又号称"神农"。《绎史》卷五引《新书》云："炎帝者，黄帝同母异父兄弟也，各有天下之半。黄帝行道而炎帝不听，故战于涿鹿之野，血流漂杵。"此后，炎黄两部落融合为一，并成为中华民族的核心部落联盟。

《山海经》全书中，只有《北山经》《大荒西经》和《海内经》提及炎帝，但是都没有直接记述炎帝的事迹，只是记述炎帝后裔的故事。此外，《中山经》记述了"帝女名曰女尸"，以及帝女之桑的故事，她们可能也是炎帝后裔。

在华夏民族的古老记忆里，炎帝有三种身份。其一是南方兼夏季之帝，又称赤帝；其二是神农，即农作物和草药的发明者；其三是与黄帝争夺天下的部落联盟首领，即此处的炎帝。

在 10000 年前，由于海平面比今日低数十米到上百米，我国渤海的全部以及黄海、东海的大陆架均为陆地。炎帝部落的一支嫡系部落——女娃部落向东部拓疆，迁徙到当时的海边居住。后来由于气候变暖，海平面上升，女娃部落遭到灭顶之灾，幸存者退到太行山脉居住，他们举行巫术仪式，将太行山的木石投入东海，以期将海水埋平，恢复往日的美好家园。事实上，炎帝部落与黄帝部落的长期战争和冲突，正是在上述海侵事件导致的生存地域减缩与大环境变迁的基础上展开的。在中国古史传说里，黄帝与炎帝的冲突，黄帝与蚩尤的冲突，禹与共工之臣相柳的冲突，以及应龙与蚩尤、夸父的冲突，都与生存环境条件的变化密切相关，因为对于农业社会来说，水资源是第一位的条件。远古时期地广人稀，各部落的生存空间很大。如果发生了长期、激烈的部落冲突，或远距离的部落迁徙，通常都是因为自然生态环境发生了重大改变。

上古邦国，解密背后独特的风土人情

上一节讲到了中华民族的各大部落，接下来我们把目光转向华夏中心的外围地区，看看那时的人们是如何认知周边地区的民族文化和风土人情。

通常来说，研究《山海经》的学者，习惯将《山海经》18 篇分为《山经》与《海经》两大部分，《山经》5 篇即《五藏山经》，《海经》13 篇包括《海外四经》《大荒四经》《海内四经》《海内经》，其中海外、海内、大荒均是"天下"的意思。从内容上看，《山经》以自然地理为主、人文地理为辅，所述地点均有明确的方位、距离以及相关的物产。对比之下，《海经》则以人文地理为主、自然地理为辅，着重记述生活在各地的民族或部落、独特的风土人情。

《海经》记录了哪些风土人情？

在《山海经》诸篇里，《大荒四经》记述的

自然地理内容不如《五藏山经》丰富和准确，但是人文地理信息比《五藏山经》丰富许多。《大荒四经》记述的人文地理信息与《海外四经》同样丰富，但比《海外四经》多出许多自然地理内容。因此，可以说《大荒四经》是一部人文地理与自然地理并重的著作，遗憾的是其所记述的自然地理信息多已残缺破碎，今日难以复原确指。

对比《大荒四经》与《五藏山经》的内容，我们也发现了两者的差异性。比如《大荒四经》在记述特殊的植物和怪异的动物时，着眼点在于这些植物和动物的巫术价值，而很少言其药用功能和预测功能，显然这与《五藏山经》有着明显的不同。这差异或许可以表明两者所处时代的社会生活已经有了许多新的变化，即《大荒四经》《五藏山经》的撰写时代之间存在着一段不算短的社会历史发展过程。例如，《五藏山经》时代的人使用的几乎都是单味药，一种植物或动物只能对一种病有效；而到了《大荒四经》时代，人们可能已经开始使用复杂得多的药剂了，因此也就不需要再记录某种植物的单一药效了。又如《五藏山经》时代的人使用的是单一要素的前兆预测法（即甲的出现预兆着乙将出现），这种预测方式缺少可操作性、主动性和及时性；而到了《大荒四经》时代，人们已经发明了专用的预测工具和复杂的预测方法（包括用龟甲占卜），而且巫师以及部落首领也产生了垄断预测权的需要，因此也就没有必要再去使用简单的、没有神秘感的前兆预测法了。

《大荒东经》：东海上的岛国上住着什么人？

我们先来看看《大荒东经》如何记载东边的部落：

"东海之外大壑，少昊之国。少昊孺帝颛顼于此，弃其琴瑟。"

东海以外有一条深海沟壑，有一个岛国叫少昊国。少昊就在这里抚养帝颛顼，颛顼丢弃了他的琴瑟。在古史传说里，少昊是先夏时期著名的部落首领，号称五帝之一。《五藏山经》的西次三经称其位于西方，此处则称少昊国位于东方沿海地区或海岛上，或许该部落曾举族远距离迁徙，今山东曲阜城东有少昊陵。《拾遗记》卷一记有白帝之子亦即太白之精与皇娥在穷桑之浦坠入爱河，生少昊，因号为穷桑氏，又号为金天氏。据此可知少昊部落尊崇太白金星，金星为天空亮星，日出前现于东方则称启明，日落后现于西方则称长庚。《左传·昭公十七年》称少昊国有以鸟名来命名官职的习俗，可能是不同官职者要采用相应的鸟羽作为标志，后世所谓"拿鸡毛当令箭"或即其遗风。而经文中提到"少昊孺帝颛顼"，可能记载的是当年发生在少昊与颛顼两个部落间的一件大事，从其具有悲情色彩来看，颛顼像是作为人质被迫在少昊部落度过了不愉快的童年。

《大荒北经》：如何描述北冰洋的海峡地貌？

了解了东海之上的岛国，我们再看看《大荒北经》是如何记载北面的场景：

"大荒之中，有山名曰北极天柜，海水北注焉。"

意思是，大荒之中，有座山名叫北极天柜，海水从北面注入这里。《大荒四经》记述有多处"海水注焉"的现象，它们可能指的都是海峡地貌。北极天柜"海水北注焉"，从地望来看，疑即白令海峡。所谓"海水北注"，即太平洋的海水向北穿越白令海峡流入北冰洋。这种两大洋之间的海水流动是经常发生的，而且往往伴随着气候的变化和鱼类的迁徙。在10000多年前的冰川时期，海平面比今日低100米左右，白令海峡出露为地，成为连通亚洲和美洲的陆桥，生活在亚洲东北部的人类（包括我国先民），很容易从这里迁徙到美洲生活。此后，全球气候发生变化，在七八千年前气温回升到10000年来的最高点，大量冰川消融，海平面上升，海岸线向陆地扩张，导致大陆架地区洪水泛滥；与此同时，也有大量北极冰山解体，并漂流至太平洋上，成为一种独特的景观。

《大荒南经》：如何记载最南端的场景？

了解了北方，我们再看《大荒南经》如何记载最南端的场景：

"大荒之中，有山名曰融天，海水南入焉。"

意思是，大荒之中，有一座山名叫融天，海水从它的南边流入。"融"指炊气上升，引申为火、光明，指融化、融合，所以这个融天山的名字，可能指海天一色的景观。融天山位于南海之滨，它可能是《大荒南经》记述的最南端的一处场景。"海水南入"可能指中国的海峡地貌，下文天台高山亦有同类地貌，两者或可指中国台湾海峡和琼州海峡。

根据《大荒四经》的记述，我们可推知其作者与时代。由于《大荒四经》突出记述帝俊的事迹，而帝俊又是殷商民族崇拜的先祖或先祖神，这表明《大荒四经》的作者为殷商族人；由于人文和自然地理信息属于国家最重要的治国信息和军事信息之一，因此《大荒四经》的作者应当是官方相应机构的官员和学者。由于《大荒四经》记述有殷王子亥的事迹，以及商汤伐夏桀并斩杀夏耕的历史事件，这表明其著作时间在商汤伐夏桀之后；同理，由于《大荒四经》没有记述殷商朝代中后期的事情，也没有记述周王朝及其以后的事情，据此可以推知其撰写时间当在殷商朝代的早期，当然其引用的历史资料则可以追溯到殷商立国之前。

《海外四经》的难解之谜

接着我再简单介绍下《海外四经》。《海外四经》的撰写时间或者资料来源的时间，也是一个难解之谜。幸运的是，《海外四经》记述了一位具有历史时间标志的人物，他就是夏启。据此，我们可以推知其撰写时间在夏启之后。与此同时，由于《海外四经》没有记述夏启之后的夏王，也没有记述商朝及其以后的人物和事件，因此其撰写时间应当在商朝之前。也就是说，《海外四经》的撰稿人，包括绘图者，可能是生活在与夏启同时期或稍后一段时间的学者，他以当时夏朝所管辖区域为中心，依次记述周边国家或族群的情况，其关注的不是那些国家的人口、物产，而是那里人们的服饰特点和特殊习俗，具有旅游者猎奇或博闻者搜异的性质。

事实上，旅游考察活动，在禹之前有，在禹之后也有。我国古代的旅游之神，称为"祖神"或"道神"。《轩辕本纪》："帝周游行时，元妃嫘祖死于道，帝祭之以为祖神。"所以，《海外四经》的内容，或许得自远游者的陈述。大体而言，《海外四经》诸景可能在秦岭以南、阴山以北、六盘山以西、泰山以东。

比如在《海外南经》中，诸景自西南向东排列。有一个叫作"三苗国"（也称"三毛国"）的地方：

"三苗国在赤水东，其为人相随。一曰三毛国。"

三苗国在赤水的东面，那里的人喜欢彼此一个跟着一个行走。神话学家袁珂认为三苗即有苗，亦即苗民，而"相随"即该族人相随远徙南海之象也。"相随"可能是一种古老的集体活动，今天我国西南少数民族有一种游戏，即若干人共同踏在两条木板或竹板上，只有同时迈步才能行走。这种活动在古代应当具有某种积极的巫术价值，例如强化族人的团结意识等。

三苗国东面的载国，在《山海经》中是这样记载的：

"载国在其东，其人为黄，能操弓射蛇。"

载国的人的皮肤或衣服是黄色的，能够用弓箭射猎蛇。"载国"或作"盛国"，亦有物产丰盛的意思。《大荒南经》也有记述有载民国，不织不耕，以表演歌舞为生。所谓"其为人黄"，系指当地人的服饰特征，可能是以黄色调为主，或者是佩戴着某种被称之为"黄"的装饰物，也可能是擅长加工制作黄色颜料，包括硫黄。此处"射蛇"，也可指"射鱼"，因前文南山有自此山来"蛇号为鱼"的说法。有趣的是，现在居住在我国海南岛的黎族，至今仍有射鱼的习俗，小伙子赤脚站在清清的溪水或河水中，一旦看准鱼游过来，就用弓箭射，通常都能箭无虚发。

所以，我们可以从现代的民族分布和生活形态中，找到与《山海经》记载内容相呼应的蛛丝马迹，这也是非常有意思的一件事。

远古时期的人们，如何开展祭祀、巫术活动？

上一节中介绍了周边的方国和部落，接下来介绍这些部落民族的祭祀和民俗文化。

鬼神祭祀、鬼神崇拜的习俗在我国由来已久，并且在民间长期广泛流传。但是到了先秦诸子百家时期，学者在对待鬼神的态度上，变成了老子不谈鬼，孔子"不语怪力乱神"，孟子、庄子、惠子等也很少提及鬼神，唯独墨子不仅认为鬼神存在，而且认为鬼神具有"赏贤而罚暴"的社会功能。无独有偶，在先秦典籍《山海经》中，也有大量祭祀鬼神的内容。

事实上，《五藏山经》在记述东南西北中5大区域、26条山脉时，在每条山脉结尾处都描述了当地居民供奉的神灵，许多山峰上都有山神或者部落人神。所以，我在绘制42平方米巨画《帝禹山河图》的时候，也特意将所有祭祀山川神灵的场景绘制在画面上，并把所有山神都绘制在相应的山峰位置上。

古人的祭祀有多讲究？

在所有的祭祀中，《西山经》记载的华山地区的祭品的规格是最高的。因为华山有先祖的陵墓，所以要供奉"一牛、一羊、一猪"组成的"太牢"之礼祭祀。

太牢，指的是最高级别的祭礼，向神供奉牛、羊、猪三种动物。从经文可知，祭祀山神的仪式非常隆重，要点燃百花百草举行燎祭，燎火以敬神，祭祀者要斋戒百日，献上百牲，埋下百瑜，把一百樽酒烫热，在白色的席子上陈列出用精美的彩丝包裹起来的百珪和百璧，祭品华丽，仪式繁琐。众所周知，秦岭、渭水流域和黄河上游地区是我国古代文明重要的发祥地之一。从山神的祭祀规模来看，这里的物产非常丰饶，文明已经相当发达了，文化活动蔚为壮观。

有时他们还会在祭祀的物品中打上印记。比如《西次二经》中 10 座山的居民供奉人面马身图腾神，祭品中有一只打上印记的杂毛雄鸡，印章可能是用当地山上出产的铜来制作的，它可能是有文字记载的最早印章和印刷术。在家畜、家禽或其他器物上，打上部落、氏族或所有者的印记，是社会文明进步的一种标志。此外，印记也可能具有某种吉祥、神圣的象征意义。另外，《北山经》地区的居民还有一种特殊的习俗，就是"皆食不火之物"，这一天禁烟火，人们只吃冷食，这可能是有关寒食节风俗的最早的文字记载了。

巫师：最早的脑力劳动者？

除了祭祀之外，古代还有很多巫师的活动场面。《海外西经》中记载了一个巫咸国，描述了巫师活动的场面：

"右手操青蛇，左手操赤蛇，在登葆山，群巫所从上下也。"

巫咸右手抓着青蛇，左手抓着赤蛇，居住在登葆山，群巫在这里上下，传达天意给民间。在古史传说中，神农、黄帝、尧、殷时均有名叫"巫咸"的人，表明巫咸实际上亦是部落或官职的名称。所谓"操蛇"，乃巫师的身份装饰特征或举行巫术活动的道具。所谓群巫在登葆山"上下"，神话学家袁珂认为此山属于天梯性质，巫者只有通过天梯才能"下宣神旨，上达民情"。

值得注意的是，在《山海经》18篇中，《五藏山经》里还没有巫的称呼，《海外四经》里仅提到一个巫咸，而《大荒四经》《海内五经》里则出现了群巫。从排序来看，似乎巫咸是首席巫师。

巫者，在今天被认为是通过装神弄鬼手段来替人祈祷的人。其实，巫是人类社会文明发展到一定阶段的产物，他们出现的原因是多方面的，而他们对社会的作用也是多方面的。大体而言，巫是最早的"白领"之一，也是最早的以脑力劳动为职业的人。他们的行为既有科学的一面，包括采药行医、观测星辰等，也有非科学的一面，例如舞龙求雨、念咒除灾；既有服务社会民众的一面，比如传授生活常识、传诵历史、传播文化，也有控制民众的一面，比如巫与首领相勾结，以权谋私，或者巫本身就是社会权力结构的一部分；既有为民众解疑释惑的一面，也有愚弄民众的一面。

歌舞表演

通常在举办巫术活动的时候，会搭配歌舞表演。《海外西经》记载了一场歌舞活动：

"大乐之野，夏后启于此儛九代；乘两龙，云盖三层。左手操翳，右手操环，佩玉璜。"

在大乐野这个地方，夏朝的第一位国君启举办了盛大的歌舞活动，演出《九代》舞剧。夏王启乘坐两条龙的车，车盖有三层，他左手握翳，右手持玉环，佩戴着玉璜。"九代"是一种分为 9 个章节的祭神歌舞，用今天的话来说即"九幕歌剧"。翳，是用羽毛制成的华盖，象征权力和地位。历史上，夏后启是夏朝的开国之帝。传说中，启既是禹之子，又是从石头中出生的。这种矛盾表明，启实际上只是禹的后代，或者自认为是禹的后裔，因此他的权力基础并不充分。他为此举行了盛大的登基仪式，通过巫术歌舞活动，向世人展示自己的权力，得到了上天的认可。

《大荒西经》还记载了相关的乐器：

"有榣山，其上有人，号曰太子长琴……是处榣山，始作乐风。"

意思是，有座山叫作榣山，山上有个人，自称太子长琴，住在榣山上，开始创作乐曲。太子长琴的"太子"二字，似乎并非指有权继承王位的长子，可能另有所指。"榣山"疑当"谣山"，意为唱歌谣的地方，"谣"在古代指不用乐器伴奏的歌唱，类似今日的清唱；比如《诗·魏风·园有桃》中的"我歌且谣"。太子长琴"始作乐风"，表明他是首先使用乐器伴奏的说唱者。事实上，在文字发明前或普及使用前，许多民族的历史，包括科学文化常识，都是由专职的说唱者来记忆并传播的。即使到了今天，在我国内蒙古、新疆、西藏等地，人们仍然喜欢这种有乐器伴奏的说唱表演艺术，并从中获得知识和乐趣。因此，我们有理由说，太子长琴是一位通过伴奏传唱方式进行历史和文化知识传播的教育学家。

舞龙求雨

除了歌舞活动，人们还会进行舞龙求雨。《大荒东经》记载：

"大荒东北隅中，有山名曰凶犁土丘。应龙处南极，杀蚩尤与夸父，不得复上。故下数旱，旱而为应龙之状，乃得大雨。"

大荒东北角中，有一座山名叫"凶犁"的土丘山。应龙被派去南端，杀了蚩尤与夸父，因此不能再回到天上了。故而北方数年大旱，为了解除干旱，人们就化身应龙的样子祈雨，得到了大雨。

此处经文讲述了应龙与蚩尤、夸父之间的战争故事。凶犁土丘的名字，当与蚩尤、夸父在此遇难有关。应龙的形貌为有翼之龙，他是黄帝族的战将兼雨师，由于开了杀戒而受到上天的惩罚，回不到天上。天上没有兴云作雨的神，因此下界经常闹旱灾，这时民众只要模仿应龙的样子，天就会降下大雨。这可能是我国有关舞龙求雨习俗最早的文字记载。据此，应龙实际上是以巫师面目出现的水利工程师，而应龙与蚩尤、夸父的战争，或许与两大部落争夺水资源和生存领地有关。

人体装饰习俗和装束

有时为了祭祀和配合巫术活动，人们还会有一些奇怪的人体装饰习俗和装束。比如《海外南经》记载了一场先夏时期的部落战争，是羿与凿齿之间发生的一场战争。羿就是后羿，凿齿也是一个人名，羿手持弓矢，凿齿手持盾，羿射杀了凿齿。

羿与凿齿之战，根据《淮南子·本经训》的相关记载，起因是自然灾害事件（十日并出）严重破坏了人类社会赖以生存的环境，从而导致部落间的迁徙和激烈的冲突。其实，所谓凿齿是一种非常古老的人体装饰习俗，出于美容或宗教目的，人为地将侧门牙或犬牙或中门牙敲凿拔掉，国内外许多民族都有此俗，甚至一直流行到近代。而考古资料表明此俗最早产生并流行于我国的大汶口文化区，其中尤以鲁南苏北的大汶口文化最为盛行，当时那里的人不分性别、地位，几乎都拔掉两颗侧门牙。今日贵州的革家人，凡12岁以上的男子死后均要敲去两颗牙齿，意思是不要变成凿齿害人。而未婚女子则要戴"白箭射日"帽，以象征羿射九日。

除了凿齿的部落，还有会踩高跷的部落。在《海外西经》记载了一个长股国，长股国即以踩高跷闻名于世的部落或家族。踩高跷游戏流行于许多国家和地区，我国民间习惯将高跷直接绑在脚上，国外则习惯穿上长裤子将高跷藏在裤子里。高跷的起源，可能与采集树上的果子有关，或与巫术、舞蹈、战争（威慑敌人）有关。

所以，我们可以看出来，古代的很多巫术活动或者奇怪的风俗，虽然带有很强的神秘或怪诞的色彩，其实都是对维持正常生存和生活的期许催生出的信仰活动。

衣食住行，远古先民的
生活有何讲究？

　　上一节介绍了部落的祭祀和风俗文化，接下来介绍这些部落民族的生活方式，让我们一起来了解一下 4000 多年前先民的生活面貌。

轩辕国：生命力旺盛的神秘标志

　　首先，看看古人是如何看待、表现生命力的。《海外西经》记载了一个轩辕国，那里的人长着人的面孔、蛇的身躯，经常把尾部放到头上，寿命短的人最少也能活 800 岁。

　　"轩"指车顶前高如仰之貌，"辕"即连接在车轴上牵拉车的直木或曲木。我国商周时期的车多为独辕，汉以后多为双辕。有趣的是，在山海经的《西山经》中记述了轩辕丘，称其地无草木、多丹粟、多青雄黄，并未言其地居民的形貌。但是，《海外西经》《大荒西经》却强调轩辕国人如何长寿，而长寿的原因与他们的奇怪装束及其特殊的动作有关。所谓"蛇身"，即将身躯涂绘出蛇的花纹图案。所谓"尾交首上",可能是一种巫术动作,即将双脚反向弯曲到头上,类似今日杂技里的柔功,通过模拟车轮旋转来象征生生不息。事实上,在中国先民的观念里,旋涡状的图形或事物往往被认为是生命力旺盛的神秘标志,其中典型的图案即太极图。

食:鸟卵曾是古人的果腹之物?

在食物上,我们可能难以想象,鸟卵一度成为人们的果腹之物。《海外西经》记载:

"此诸天之野,鸾鸟自歌,凤鸟自舞;凤皇卵,民食之;甘露,民饮之,所欲自从也。百兽相与群居。在四蛇北。其人两手操卵食之,两鸟居前导之。"

在一个叫诸天野的地方,鸾鸟在自由自在地唱歌,凤鸟在自由自在地跳舞。有许多凤凰的卵,供人们食用;有甘甜的露水,供人们饮用;人们想做什么就做什么。各种野兽都与人们和睦相处。在四蛇的北面。有一个人两手捧着凤凰的卵正在食用,鸾鸟、凤鸟在前面带路。

这段内容描绘了居住在"诸天野"(甘肃民勤县西南)的居民与百兽和睦相处的场景,鸾鸟、凤鸟自由地歌舞,人们饿了就吃鸟卵,渴了就喝甘露,用不着捕猎和耕作,生活得自由自在。我们知道,人类是一种杂食性动物,其获得食物的方式主要有采集、捕猎、畜牧、栽培、酿造等。不过,通常所说的采集,主要指植物性食物的采集。此处的记述表明古人曾经有过以捡拾鸟卵为主要食物的生存方式。一般来说,树林里的鸟卵数量较少且不易采集;对比之下,沼泽地或湖泊周边的鸟卵则比较多,而且易于捡拾。由于鸟卵是有季节的,因此以鸟卵为主要食物来源的居民,还需要掌握加工、存储鸟卵的技术。此外,以天然鸟卵为食,也有一个如何限制采集量的问题,否则鸟类会逐渐减少,鸟卵资源也会枯竭。

"玉膏"就是今天的食盐?

除了对食物的采集，在那个时候，先民们也已经意识到了盐的重要性。比如《西山经》记载，西北地区有一座峚（mì）山：

"其中多白玉，是有玉膏，其原沸沸汤汤，黄帝是食是飨。是生玄玉。玉膏所出，以灌丹木。丹木五岁，五色乃清，五味乃馨。黄帝乃取峚山之玉荣，而投之钟山之阳。瑾瑜之玉为良，坚粟精密，浊泽而有光。五色发作，以和柔刚。天地鬼神，是食是飨；君子服之，以御不祥。"

这里的玉膏，是用滚动的热汤熬制成的，黄帝自己吃，也用来款待贵宾和敬献给神灵。玉膏的结晶是玄玉，余下的汤汁用来浇灌丹树；丹树生长五年，五色变得清亮，五味变得馨香。黄帝取峚山的玉荣，投放到钟山的向阳面。优良的玉是瑾瑜，坚硬精致，温润又有光泽；五色搭配，刚柔和谐；天地鬼神，都来享用；君子佩戴它，可以遇难呈祥。

对于文中提到的"玉膏"是什么，历来众说纷纭，有人说是石油、豆腐、奶酪，但其实最可能指食盐。所谓"沸沸汤汤"是在煮盐。所谓"玉膏所出，以灌丹木"，是说从盐卤中提炼出食盐之后，剩下的卤水中富含营养，以促进丹木生长；我们今天知道，盐卤中含有硫酸钾，有促进果实生长的功效，也是今日普遍使用的化肥，因此可以说黄帝是最早使用化肥的人。黄帝所取的峚山"玉荣"，是指提炼出的优质食盐晶体，用它们可以促使盐卤更快地结晶出颗粒大的食盐晶体。"瑾瑜之玉"即食盐晶体，要把它敬献给天地鬼神。这是因为食盐在远古社会就是极为重要的资源，人几天吃不上盐就会浑身无力、诸病缠身。事实上，许多动物都知道食盐的重要性，它们经常喝盐湖的水，或者舔食含盐的岩石。从这个角度来说，人类对食盐的追求，可以追溯到非常古远的时代，而黄帝部落的兴起与其掌握了提炼食盐的技术不无关系。

穿：古人穿什么鞋子？

说了吃，再来说说穿。《海外北经》记载的是西北方到东北方的民族分布情况，其中有一个跂踵国，"其为人大，两足亦大"，说的是那里的人身材高大，两只脚也大。因此又被称为大踵国。

"两足亦大"是说当地人穿着大尺寸的鞋。我国先夏时期的出土文物表明当时已经有鞋，包括皮靴，到了夏商周时人们已经普遍穿鞋。一般来说，鞋的起源，一是保护脚在行走或劳动时不受伤、不受寒以及防滑、防陷等，二是化装狩猎，模仿动物的足迹，三是与服饰搭配，用于美化或巫术表演。所以，生活在北方的跂踵国人，应当是穿着用于保暖的大毛窝鞋、防止脚陷入雪地的大板鞋，或类似今日满族人的高底鞋，或者"两足亦大"也可能指寒冷地区人的脚趾冻伤之状。

护肤品：用油脂来治疗皮肤皲皱？

除了日常的穿着，先民们也可能开始使用护肤品了。《西山经》记载：

"西山经华山之首，曰钱来之山，其上多松，其下多洗石。有兽焉，其状如羊而马尾，名曰羬（xián）羊，其脂可以已腊（xī）。"

西部山区第一条山脉名叫华山，第一座山是钱来山，山上有许多松树，山下有许多洗澡石。有一种名叫羬羊的野兽，样子像羊，尾巴却像马尾，它的油脂可以治疗皮肤皲皱。

所谓"华山之首"，是说西次一经这条山脉总称华山。钱来山的名字，顾名思义应当与"钱"有关。不过，钱本是指一种农具，又可指衡器、酒器，并非仅仅指货币。洗石是一种澡浴时用于除去污垢的石头，它可能具有碱性，因而能够去油污，或者具有摩擦力，类似今日市场上用火山灰岩制成的搓澡石。羬羊的油脂可以治疗因寒冷而冻出的体皲，表明当时已经有了护肤用品。

结语

所以，通过《山海经》去研究先民们的生活，也会有很多诸如此类的令人意想不到的发现。《山海经》对于研究中华民族文明与文化的起源和发展有着非常重要的价值。《山海经》乃是中华民族的历史宝典，也是人类共同的文化遗产，其文献资料有助于我们今天重现先夏时期的文明与文化场景，寻找祖先失落的文明，为人类增加数千年有文字记录的生存经验。

在此，我只是概要式地选取相关内容进行介绍，希望我的介绍能激发读者对于《山海经》的好奇心，自己去深入探究这部宝藏经典所蕴含的珍贵内容。通过《山海经》，你会看到一个光辉灿烂的文明世界，虽然它的物质实体已经消失在地平线，但是它的信息是永存的。

神话篇

叶舒宪

推开洪荒世界的
大门

在人类历史发展中，为什么会出现神话？

2004 年，我和萧兵、郑在书两位专家合著的《山海经的文化寻踪》出版，这本书篇幅比较长，有 2000 多页，主要讲述《山海经》的成书、性质、内容，特别是跟神话传说有关的现代解读方式。第三位作者郑在书是韩国汉学家，他把《山海经》翻译成了韩文。在此我把这十几年对《山海经》研究的新认知介绍给大家。

神话从何而来？

神话学在中国有 100 多年的发展历史，今天已经进入建构本土特色理论的阶段，学界称这一阶段为"神话中国"。本节则尝试从神话中国的角度去提供解读《山海经》的新方法。在人类历史发展中，为什么会出现神话？如何理解千古奇书《山海经》中大量的与神怪相关的内容？我们要从华夏文明最早的三观，即宇宙观、价值观和生命观的雏形意义上去阐释《山海经》。

宇宙之中，目前我们仅知有一个星球是有生命的，那就是地球。地球上的生命已经存在几十亿年了，千千万万种生命，目前只有一种生命能被自己的观念支配，那就是人类。其他生物都是被生物本能支配的，没有观念，更没有神话。

支配人的观念基本划分为两类：哲学和科学的观念，神话的观念。所谓哲学和科学的观念，开启于 2500 年前的古希腊，那时出现了苏格拉底、柏拉图、亚里士多德等一大批哲学家，后人称之为"哲学的开端"，他们告别了神话，告别了《荷马史诗》的想象的时代，开启了形而上的思考。在发生所谓科学或者哲学的革命之前，人的思想没有巨大的飞跃和突破，全部被笼罩在神话信仰之下。

神话是以人的主观幻想建构出的一种现实。按照今天比较流行的说法，就是"虚拟的现实"。比如，人们认为天上有一个玉皇大帝，玉皇大帝派了一个叫灶神的助手前往每家每户的灶房。每年腊月二十三，中国老百姓要把灶房中的灶神揭下来一把火烧掉，让它回到天国去，到玉皇大帝那汇报一家人这一年的生活。人们以这种方式生活在"虚拟的现实"之中，这就是神话编码现实生活的功能。神话学进入中国后的早期研究者如鲁迅、茅盾等都是文学家，他们所倡导的"中国神话"，属于文学范畴，并没有强调神话的虚拟现实和文化编码功能。这就是我们为什么要变换学术立场，把"中国神话"的旧观念转化为"神话中国"的新命题。

神话的基本功能：确定宇宙观、价值观、生命观

在三星堆发现的一大批祭祀坑中的文物，基本上都是一些神物，都跟神话幻想联系在一起。人们利用冶金技术铸造出的这些高大、沉重的青铜器，代表了三千年前科学技术达到的最高水平。这些作品都没有实用功能，全部是为了满足主观幻想的神灵天国世界定制的。

因此，神话的功能是确定人的三观。它不是确定现代人类的三观，而是确定所有国族或所有社会最初的意识。此种元初产生的意识观念，才是原生态的"元宇宙"。

神话宇宙观是最基本的宇宙观，从开天辟地讲起，讲宇宙万物是如何来的、人是怎么产生的、人在世界中处于什么位置。一般来讲是三分世界，即天、地还有地下的阴间。神在天上，人站在地上居中位，鬼魂在地下的阴间世界。大地被设想成方形的，四边之外都有大海，所以古人说"放之四海而皆准"，这就是神话的宇宙观，是元宇宙的虚拟现实。今天的科学认为地球是圆的，不存在方形的大地，更没有大地四面是海的现实。

什么是神话的价值观？神话还要告诉世人，世界上什么东西是最神圣、价值最高的。宗教学称之为"显圣物"，即该物体所体现的是最神圣的价值，代表的是永生不死的物质。因为神和人的基本区别就是，一个永生，一个有生老病死。这样一来，华夏的先民在宇宙万物中先筛选出一种石头，作为至高无上的第一标的物，这种石头有颜色而半透光，又坚硬又温润，人们给它起一个名字叫"玉"。随后才出现了金属，即可以冶炼的石头。三星堆新发现的六个祭祀坑里，除了玉器和象牙以外，就是黄金器、铜器比较多，这都是代表永生不死的圣物。还有一种来自动物和植物的所谓的药材，这种药一般不是从医学着眼，而是从神话观念着眼，人们认为这种药只要吃一丸就能返老还童或永生不死。显圣物就这样直接连接起价值观和生命观。

在神话的生命观里，人和所有的生物都是同样的，根本区别就在于某些生物是可以永生不死，或者死而复生的。人也有这种可能性，但是一定要有神话的借力。所以人要向有季节性周期变化能力的生物学习，以它们为楷模，把它们的周期变化能力转移到自己这里来，这就是人的追求。

古书中把这些具有季节性周期变化能力的动物命名为物候（或蛰兽），我引用的是中国最早的词典《尔雅》中的说法。蛰兽指冬天冬眠了，夏天复活的生物，它象征的是生命的死而复生。对于所有冬眠的动物，大到猛兽，小到昆虫，如熊、蛇、青蛙、蝉等，古人都把它们分类为蛰兽，因为它们都能够在惊蛰的时候获得再生的能量。北方红山文化的先民把象征永生不死的玉雕刻为蚕形、龟形或熊龙形，为逝世的社会领袖人物随葬，大概就是寄托着这种追求死而复生的神话信念。

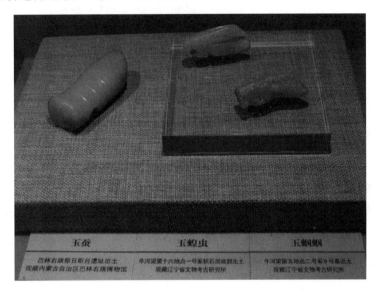

玉蚕	玉蝗虫	玉龟国蚰
巴林右旗那日斯台遗址出土 现藏内蒙古自治区巴林右旗博物馆	牛河梁第十六地点一号冢积石冢底部出土 现藏辽宁省文物考古研究所	牛河梁第五地点二号冢第9号墓出土 现藏辽宁省文物考古研究所

神话定三观的史前物证，来自中华上五千年：内蒙古和辽宁出土的红山文化玉雕蛰兽共三种，代表生命的周期性变化，即一年一度的死后复活。所用玉料皆为当地才有的优质透闪石黄玉

《山海经》为何被司马迁打入冷宫？

《山海经》这部书非常难读，它不是一般的读者随便打开念几句就能读懂的。《山海经》承载的信息非常古老，其中涉及甲骨文时代（殷商时代）的文化信息，还有比甲骨文时代更早的石器时代的文化信息（史前文化信息），在汉语古书中也只有它记录了这一时期的信息。《山海经》里有这么多奇奇怪怪的山河、物产，是因为它反映的是真实的信仰永生不死的时代，

这就是史前宗教的时代特点。

西汉皇家史官司马迁在《史记·大宛列传》中提到过《山海经》:"至《禹本纪》《山海经》所有怪物,余不敢言之也。"《山海经》虽然是司马迁案头的书,但是他写作《史记》时不会参考《山海经》,他认为《山海经》不太正经。这一句话具有一言九鼎的作用,《山海经》相当于被皇家的史学权威判了死刑,打入冷宫,一下子就是两千年。

到了《四库全书》里,《山海经》被归类到小说家一类。中国人的经典好书"四书五经""六经"或"十三经"里都没有《山海经》。没有一次科举考试会考《山海经》的内容,但每一年都要考孔子的《论语》。在读书人的观念中,《山海经》成为荒诞不经的代名词。

《山海经》中专门有一部分内容被命名为《大荒经》,"荒"指的是离中央、离我们熟知的地理比较远的地方。大荒在《山海经》中是一个中性的概念,没有贬义,只不过是表现空间上的概念,但是在儒家的话语之中,"荒"这个词已经变成了一大堆贬义词的发源地,荒谬、荒唐、荒淫,凡是跟"荒"沾上边的事肯定没有好事。

后来曹雪芹以大荒山下的一块石头为引子,开始了《红楼梦》的写作。由此观之,《山海经》这部书虽然没有被正统的理学家看中,但是被文学家所热爱。虽然历朝历代的科举不考《山海经》,但是文学家、诗人、词人会去读《山海经》,所以说《山海经》的吸引力是巨大的。到了今天,《山海经》又成了文创和游戏产品的源头之一,比如《大鱼海棠》《寻龙诀》的造型、题材都来自《山海经》。

直到2015年,掀起了一股读《山海经》热潮,2021年,一些地区的小学语文教材推荐阅读书单中出现了《山海经》,随后小升初考卷出现《山海经》考点,《山海经》才逐渐走进大众的视野。

解读《山海经》的新方法 ——"四重证据法"

要看懂《山海经》，先要看懂甲骨文时代（甚至早于甲骨文时代）的文化信息，这是突破认知瓶颈的唯一办法。在改革开放以来的人文学界，有一个学派叫"文学人类学"，它的方法论叫作"四重证据法"。传世的书本是研究历史文化的第一重证据。王国维把甲骨文叫作第二重证据，甲骨文是三千年前就被埋在地下的，比所有书都可信、都要早。第三重证据指的是没有文字，在民间活态传承的文化，特别是和二十四节气联系在一起的民间仪式、歌舞、表演、唱词。孔子在《论语》中还讲到了乡人跳傩，即乡人戴着傩公、傩母的面具，扮演天神降临的一种民间歌舞形式，是老子、孔子的时代传下来的，甚至可能在石器时代就有了。第三重证据虽然没有进入书本，但是还活着，所以它具有激活文献、激活文物的双重作用。

第四重证据就是指考古发现的遗址、文物，特别是图像。《山海经》这部书原来是配图的。陶渊明的诗里写过"流观山海图"，他看到的《山海经》就是图本，在陶渊明以后，没有人再提过他们看到图了，所以图已经失传了。到了明清时代，明清的文人墨客就开始为《山海经》补图，今天也有很多充满想象力的艺术家为《山海经》配图。但是这些市面上的《山海经》没有一个呈现《山海经》的原本图像，都是后人根据《山海经》的文字描述加上自己的想象创造出来的，没有科学考据的意义。

所以《山海经》原图的形象可以参考考古文物。以《山海经》中多次描述的人面鸟身神话形象为例，三星堆出土的三千年前的实物造型，比后人补画的任何插图都更接近神话的本来面目。因此，第四重证据对于文史研究具有重要革新意义。地下能够挖出一些真相，我们就能够增加几分对《山海经》的理解。这就是今人的认知必将大大超越古人的优越之处。因为中国考古学自1921年以来发展至今，还有无限广阔的空间。我们相信后人一定能够超越前人，打开千古奇书《山海经》的解读秘密之门。人们过去常把《山海经》的叙事当作文人的虚构，现在看来并不全是，通过实地调研，《山海经》叙事的真相将在未来的研究中逐渐被揭开。

三星堆二号祭祀坑出土青铜人面鸟身像，摄于三星堆博物馆

盘古、混沌、鸿蒙，到底哪个是开天辟地之神？

盘古大神竟然是外来的神？

创世神话是所有神话中最具有思想意义的，它讲述的是宇宙万物的由来和人类的起源。

创世神话的本土原型有两个：一个叫浑沌，一个叫鸿蒙。外来的母题主要是盘古大神。盘古神话见诸中国古书的记载年代比较晚，三国以后才出现了盘古神话叙事。在汉代传入中国的印度佛经，也讲了一个印度创世神话：一个原初的巨人，他死了，他的尸体化生出了宇宙和万物。印度神话里这个与盘古相似的创世主叫梵天（Brahma）。因此，一些专家推测，盘古大神和印度神话有关。

浑沌为何要"开七窍"？

浑沌在《山海经》里也有叙事，但是，书中没有专门讲他的创世过程，只是出现了这个名目，他和鸿蒙是联系在一起的。真正把浑沌和创世神话情节叙述出来的是《庄子·内篇》第七篇《应帝王》，讲了一个"浑沌开七窍"的故事。最初宇宙里什么也没有，只有一个浑沌，浑沌就是创造世界之前万物浑然一体、没有分化的状态的人格化。浑沌是中央之帝，同时还有南海之帝、北海之帝，他们到浑沌这来做客，看到浑沌没有七窍，于是就要给他开窍。结果"日凿一窍，七日而浑沌死"。庄子也没有过多说别的，实际上"开窍"就是华夏古汉语中表达开天辟地的一个特殊用语。如果这个典故不是庄子自己发明创造的，那么"浑沌开七窍"的故事就讲了从浑沌到宇宙万物的开端的过程。庄子把古老的创世神话当作寓言题材，主要表达的是人不能开窍，浑沌比开窍好，这个表达在后来变成了道家和老百姓都会说的一句话：难得糊涂。道家讲究"清静无为"，开窍就是"有为"了，而修道的人要闭上眼睛、塞住耳朵，隔绝外界的感官刺激，这样才能让心专一，修成大道。

　　各地都有像"浑沌开七窍"之类的人类创世神话故事，普遍主题就是创造世界之前什么都没有，只有浑沌。这种叙述是各民族的创世神话共有的。老子用数字来总结它的原理："道生一，一生二，二生三，三生万物。"浑沌是浑然一团的，没有任何分化，所以它就是"一"，所以"道生一"；"一生二"一般讲的是所谓开天辟地；天地中走出来了伏羲和女娲，所以"二生三"；最后繁衍人类万物。很可惜的是，在古汉语文献中，没有更加细致地讲整个浑沌创世的过程，只有庄子"开七窍"的寓言，但这个预言也是被改造过的。

鸿蒙：《山海经》记录的宇宙创造之神长什么样？

　　和《山海经》有关的本土原型就是鸿蒙，在《山海经·西山经》的《西次三经》中，采用了鸿蒙的别称，有时写作帝鸿，有时写成帝江，"鸿"字没有右边的"鸟"，就是"江"字。"蒙"字跟刚才讲的浑沌的意思差不多，有黑暗的意思，就是被蒙住了，没有光明，是一种混沌的状态。

为了解说鸿蒙跟创世神话的关联，我们采用比较神话学的方法。各个古老民族的虚拟想象往往有雷同的类型，有的神话残缺了，可以参照其他民族的同类神话。我在 2019 年写过一篇文章叫《创世鸟神话"激活"良渚神徽与帝鸿》，美洲印第安的神话中有一个创世鸟神话（creator-bird），认为创世主是只鸟。烟是古代印第安人的发明，发明它不是为了解乏、为了闻味道，而是为了进入一种通神致幻的状态，因为吸烟能刺激大脑。印第安的萨满巫师在拜神仪式上进入通神状态，所看到的创世神就是一只巨大的鸟，从东方日出的地方展翅翱翔，称之为黎明创世鸟。

对比《山海经》，在其他古代工具书比如《初学记》等所引用的《山海经》原文中，"有神焉"被写成"有神鸟"，也明确地表达了鸿蒙就是一只巨大的神鸟，可以展翅翱翔数千里。《西山经》叙述："又西三百五十里，曰天山，多金玉，有青雄黄。英水出焉，而西南流注于汤谷。""汤谷"即"日出汤谷"，所以，鸿蒙处于太阳初升的地方，它跟创造世界的印第安的大鸟即黎明创世鸟神话是对应的。

汤谷"有神焉，其状如黄囊，赤如丹火，六足四翼，浑敦无面目，是识歌舞，实为帝江也"，鸿蒙有 6 个手足、4 个翅膀，浑沌无面目，和庄子所讲的浑沌的寓言类同，没有面目。所谓"状如黄囊"，如果你在山上或者大海边看过日出，就知道刚一露出的亮光像鱼肚白一样，接下来就是黄黄的，然后突然就变红了，再加上漫天的彩霞，"赤如丹火"。《山海经》在介绍鸿蒙（帝江、帝鸿）神话的时候提到这几种颜色变化，可以说是在描绘东方的日出景象。

鸿蒙是只鸟，它在颜色上跟日出的颜色变化对应，所在地是汤谷，正是日出的位置。虽然神话的表面叙事很简略，但是它的底层意蕴非常清楚，是和日出东方联系在一起的。日出东方是许多民族的创世神话原型，浑沌是黑暗的，日出则带来了光明。所以鸿蒙具有开辟、创世的意思。

鸿蒙在《山海经》里的叙事太简单，没有情节，只有一些特征的描述，我们借助太平洋另一端的创世鸟神话，解读汤谷的帝江（帝鸿、鸿蒙）是如何进行创世的，来复原一个隐藏的华夏版的创世神话。

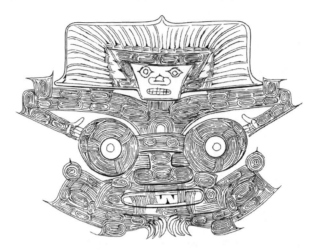

　　鸟人合体造型的史前中国文物，有良渚文化神徽刻划：玉雕鸟羽冠人身加鸟爪。可视为鸿蒙大鸟的史前原型。余杭反山M12出土良渚文化玉琮神徽线描图，距今约4800年（引自《反山》上册，浙江省文物考古研究所，文物出版社，2005年）

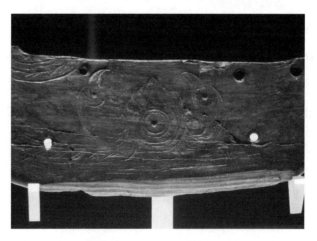

　　中国版的黎明创世鸟，河姆渡出土象牙雕双鸟朝阳图像，距今7000年，摄于河姆渡遗址博物馆

　　《山海经》中隐藏的神话，连通了太平洋的两岸。5000年前在浙江杭州

发现的史前遗址里，出现最多的神圣器物是玉雕的礼器，如玉琮、玉璧、玉璜等通神、拜神的标志物，其中有一些王者级别的玉器上出现了所谓的神徽。它的标准形象是半人半鸟，它的脚像鸟爪子，头顶戴着一个冠，类似大帽子或老鹰的羽毛冠，表明这是一只能像鹰或鸿一样展翅飞翔到天上、跟着太阳升起步伐的鸟，所以，我们把 5000 年前良渚半人半鸟的神徽形象和美洲印第安神话中的创世鸟放在一起研究，因为它们都有创造世界、开辟鸿蒙的意思。比良渚鸟人神形象更早的有浙江余姚河姆渡出土的象牙雕双鸟朝阳图像，堪称史前中国版图像叙事的"黎明创世鸟神话"。要追问为什么浩瀚的太平洋两端会出现同类型的神话想象，那就必须追溯美洲印第安人 15000 年前从亚洲北部迁徙到美洲的壮丽旅程了。黑头发的印第安人原来和蒙古人种是同源的。分子人类学加比较神话学，打开了解码史前文物的新途径。

伏羲和女娲在神话中的地位有多重要？

伏羲和女娲的神话什么时候开始流行？

伏羲和女娲的神话在中国是家喻户晓的。但在《史记》中，司马迁不承认他们的真实性，只从黄帝开始写，写了五帝，没写三皇。到了唐代，司马迁的后继者唐代史学家司马贞为《史记》补上了一篇《三皇本纪》，这才把伏羲女娲的叙事变成了国家正史的内容。

那么，伏羲和女娲的神话是什么时候开始流行的？现有最早的文献记录出现在20世纪40年代出土于湖南长沙子弹库的文物中。因为当时不是考古发掘，而是盗掘，所以，文物流入了市场，被卖到了美国，其中有个帛书的名字叫《楚帛书》。后来有人拍了照片传回国内，整个叙事就被解读出来了。伏羲和女娲的文本在书籍中的记载比较多的都是汉代以后的，比如《淮南子》。战国诸子中的庄子谈到了伏羲，儒家学派则比较严格，对尧舜以前的人一概不提，黄帝都没有被提及，更不要说伏羲和女娲了。

女娲：华夏神谱中第一位女神？

如果把伏羲和女娲两个神分开来看，女娲是产生得更早的一个神，今天世界宗教学研究发现人类在最早的史前时代"知母而不知父"，于是把当时的社会形态叫作母系氏族社会。即家里只有固定的母亲，孩子并不知道自己的父亲是谁，所以"知母不知父"，这种婚姻状态叫作走婚制。在中国云南永宁一带的纳西族摩梭人，也就是所谓的"女儿国"，现在依然流行这种走婚制。最早母系社会的意识形态毫无疑问是没有男神，只有女神的。根据已知的考古发现，在 30000 年前，人类就开始塑造神像了，主要是在西欧比较多见，比如法国、意大利，人们把这一类神像叫作"史前维纳斯"（Prehistoric Venus），神像的造型一般都是丰乳肥臀，表现出女性的生育特征，而很少有刻画男神的。所以宗教史学一致认为女神先出现，这是"知母不知父"的母系社会的必然表现。

女娲在《山海经》里是作为独立的女神出现的，只是后来被和伏羲配成对。独立女神折射出一个更古老的只崇拜女神、不崇拜男神的时代，其渊源应该在 10000 年以上。

女娲造人、补天，她相当于开天辟地的女性创世主，不过是第二次创世或再创世（Second Creation）。一般认为，第一次创世以后人类肯定要造孽，造孽就会受到惩罚，结果就是一场大洪水，把世界淹没了，洪水过后就要重新创造世界的秩序，例如《圣经》诺亚方舟的故事。所谓女娲补天的神话就是这种背景。

伏羲跟天熊神话到底有什么关系?

过去学者研究伏羲神话,都把眼光投向西北,特别是甘肃的天水和河南的周口,因为这两地都保留着明代以来的伏羲庙,香火非常旺盛。明代祭拜伏羲的传统,当然不可能是明代人发明的,应该还有更早的渊源。

关于伏羲和女娲最早的叙事来自《楚帛书》,其中的叙事文字非常难读,经过多位古文字专家破译、辨识,大概意思才开始明晰。最开始的一句叫作"曰故(说到古代),天熊伏羲"。这样看,伏羲是不是跟天熊神话有关了?我们需要通过比较神话学的旁证来求解,因为在后世文献中,已经没有人把伏羲跟天熊联系起来,只有《礼记》的一个注解中提到伏羲与熊的关联——伏羲号"黄熊"。

熊崇拜神话主要在没有进入农耕社会的原始民族,或者说原住民、少数民族中广为流传。在国内有东北大兴安岭的鄂伦春人、鄂温克人、赫哲族,熊是他们的祖先图腾。在国外,熊神话流传广泛的地方是日本列岛,北海道的原住民叫阿伊努人,阿伊努人不种大米,不种小米,不吃粮食,靠狩猎熊为生。阿伊努人在日本被当作异类,他们的神话应该是原生态的。他们神话中的熊就是"天熊":熊本来是天上的神,来到人间就变成了熊,为狩猎民族提供食物。他们吃了熊肉、披上熊皮作为衣服,但要把熊头供奉起来,让熊的灵魂回到天国,来年再化为熊,提供猎物。所以,这是一种类似循环经济的原住民狩猎神话,把天熊和人间生活紧密联系起来。古代日本神话记录较多的书《日本书纪》,有个名词就叫"天熊人","天熊人"作为天神与人间的中介者而出现。在我们一衣带水的邻邦的古老原住民神话中,还保留着生动的关于"天熊"的叙事。

对照起来看,在中国古老的帛书中出现的天熊,反映的应该是非常古老的母题,也就是前农业社会,狩猎采集者把熊想象为从天上来到人间。关于这个解读,我也写了一篇文章,题目是《天熊伏羲创世记》。主要利用新

这 就 是 山 海 经

发现的第四重证据：甘肃天水出土的四千年前的"天熊"神话文物。

史前天熊再现——甘肃天水出土齐家文化镶嵌绿松石熊形铜牌，先民用绿松石的天蓝色来刻画的熊形，恰好可凸显天熊神话观念。摄于天水博物馆

除此之外，古老的希腊天文学把北斗七星视为小熊星座，日本的阿伊努人把熊看成天神来到人间的化身。所以，天熊的观念很可能和古人观星象、看天文有关系。

正是因为有了天熊的再发现，我们过去看不太懂的中国古代的一系列文化现象，现在已经逐渐找到解读的方法。比如，黄帝为"有熊（氏）"后代，治水的"鲧"和"禹"，黄帝的孙子"颛顼"，都有"化熊"的本领。人变成熊的母题经常在图腾崇拜的神话中出现，其实就是人又回到祖先的形态，讲的是人类的再生。在楚文化中楚国先祖和国君都是颛顼的后代，其神圣名号也称"熊"。从穴熊开始，是鬻熊、熊丽、熊狂、熊绎，熊绎在周朝被分封到楚地，就有了楚国。过去人们弄不明白为什么楚王族本来有自己的芈姓，司马迁却在《楚世家》中全将其写成了"熊某"。当伏羲天熊的身份得到恢复，黄帝"有熊氏"的问题得到解答，那么，楚王族的王号"熊某"就能够理解了。天熊降临人间的神话以变相形式被写进《山海经·中山经》的熊山熊之穴叙事。对照中华上五千年北方红山文化玉雕的熊人神像或"双熊首三孔玉器"（辽宁省博物馆展出品）等，洞见《山海经》神话叙事底蕴的机缘，就终于到来了。

天熊神话在中华上五千年的呈现——红山文化玉雕顶熊神像，现存剑桥大学菲茨威廉博物馆

西王母和『不死药』的传说为什么会产生？

四

西王母的神话在汉朝以后得到了最高统治者的青睐，所以非常流行。后来，王母娘娘成为《西游记》之类流行小说的重要人物，在中国可以说是家喻户晓。

为什么叫"西王母"？

在汉代，人们用拉郎配的办法给西王母配了一个叫"东王公"的丈夫。一个西，一个东，两个人都是王，一个是母，一个是公，刚好搭对。实际上，在先秦，特别是《山海经》的叙事中，根本没有东王公。后来因为父权制社会不允许独立的女神存在，西王母不得不成为男神的妻子。

西王母的"西"又该怎么解释？自古在中国人的文化想象中，西天之极是太阳落山的地方，是古人眼中宇宙的最边缘，代表死亡。人们说"上西天"，"西"变成了一个象征死亡、阴间的方位，西王母的神秘性就在这里。《山海经》中描述的西王母"豹尾虎齿"，看起来又狰狞又恐怖。

此外，西王母所居的地点叫昆仑山。打开中国地图就能看到，世界上真的有昆仑山。不仅有昆仑山，在新疆和田以西，还有更西边的喀喇昆仑，一直到叶城、喀什，到了中国和阿富汗、巴基斯坦交界的地方。

昆仑是一座大山，西王母具体所在的山叫"玉山"，又叫瑶池。"瑶池"的"瑶"字有斜玉旁（今天的王字旁），在古代代表玉。所以，西王母的神话，从《山海经》的定位来看，是跟昆仑崇拜和美玉崇拜联系在一起的。

昆仑山：天神来到人间的第一站

神话最重要的功能是建构三观，三观之首就是神话的宇宙观。西王母的神话中，有早期中国人的宇宙建构。在古代的中原先民没有人去过西藏，更没有人攀登过珠穆朗玛峰，在他们的想象中，西部大山就是宇宙最高的山，是大地通天的地方，也就是天神来到人间的第一站。

《山海经》把昆仑叫作"帝之下都"，即天帝在人间的都市，所以，昆仑被想象成人间通神、通天的天梯。古人对高山大山的崇拜，不是因为山本身，而是因为山跟天神更接近。后来的帝王到不了昆仑，所以他们去得最多的山就是泰山。一旦泰山被认为是东方大地上离天庭、天神最近的地方，拜神效果可想而知。封禅行为传统，就这样以东部的泰山为中心。

不死药：永生不死的主题

既然昆仑山能通神、通天，那么人如果要获得永生不死，就要去昆仑山。所以，从西王母神话中衍生出永生不死的主题，就是西王母的不死药。

昆仑山是世界上最好的和田玉的产地。玉石是亿万年前火山喷发的岩浆凝固下来的。世界各地都有火山，但是像和田玉那样晶莹剔透，没有一丝杂质的岩浆变成的石头，全世界还真是不多见。

所以和田玉在中国人心目中被视作至高无上的东西，和氏璧、传国玉玺都是由和田玉制作而成的。自周代以来，和田玉中有一种颜色的玉独超众类，那就是白玉。直到曹雪芹写小说，也用"白玉为堂"比喻贾府的荣华富贵。在中国人的价值观中，没有任何物质能够超过和田美玉。在先秦时代，昆仑山被简称为"昆山"，所以在战国时期的知识人的嘴里，"昆山之玉"毫无疑问就是世上最珍贵的物质。实际上，玉在中国人的想象中是神的象征物，代表了神的永生不死。

这样看来，西王母的永生不死之药到底是什么？其实就是把昆仑山盛产的美玉信仰化了。因此西王母的神话代表着永生不死的理想，其原型与和田玉有关。如果复原这个神话观念，就能解释中国古人的很多行为，比如古代君子必须佩玉，不但活着佩玉，死后还要用玉来随葬。到了汉代，用玉来随葬变成了最高等级的葬礼，出现了顶级奢侈随葬品——金缕玉衣。做一件金缕玉衣需要耗费2000多片和田玉，也要耗费很多人力，在每一个玉片的4个角上钻出4个孔，用金丝作为线，把玉片串联起来，套在死者身上。20世纪70年代，在河北满城汉墓中挖出的中山靖王刘胜墓，出土了第一件金缕玉衣，现在陈列于博物馆。只有刘邦家族的诸侯王这样地位高贵或更高的人才能享受金缕玉衣。这显然是一种等级社会的特权。

为什么历朝历代帝王都信奉西王母？

西王母这个神话人物，实际上是对玉石崇拜的女性化、人格化。历朝历代的封建统治者都信奉西王母，特别是汉武帝。《汉武内传》中甚至写他与西王母相会，如梦如幻，美梦成真。

最早和西王母相会的人不是神话人物，而是周朝的第五代天子穆满，俗称穆天子。《穆天子传》中记载着周穆王驾着八骏，直奔西方昆仑，拜会西王母，求取长生不死的秘方。

《穆天子传》这部书曾经有一段时间亡佚了，直到西晋时代，才在魏襄王的墓里被发现。《穆天子传》只是把周穆王到昆仑的经历像日记一样记录下来。因为周穆王是西周最高的统治者，所以他的行为影响了后代很多统治者的想象。后人把西域想象成一个具有永生不死药的地方，也将其和"日落西山""上西天"联系在一起。可以说，西王母神话拉动了华夏中原人对宏大西部的奇幻想象。

农耕文明：日神帝俊
和农神后稷为何是父
子关系？

帝俊在《山海经》中是如何被记录的？

　　帝俊在中国的神话系统中属于以山东为主的东夷系神话。帝俊在神话中有很多别名，有时叫帝俊，有时叫高祖夒，有时叫帝喾。所谓高祖夒，甲骨文中就有叙事。王国维以来的一些专家认为，帝俊一神多名，甲骨文中叫高祖夒的人、后来文献中叫帝喾或帝舜的人和帝俊是同一位祖先神的分化，即东夷族的祖先神。

　　还有一种观点认为，中国古代夏、商、周三代，夏人来自西边，叫"大禹出西羌"。周人也来自西边，从陕西打到河南，推翻了殷纣王。只有殷商人的祖先来自东夷族。后来的华夏神话把东夷族和西边的夏人、周人的神话合流，重新排位后，没有把东夷族的大神帝俊定位为至上神。

　　帝俊在《山海经》中的记载比较多，一共有 16 处。《山海经》中帝俊生育的后代也有很多，比如"帝俊生中容""帝俊生帝鸿（鸿蒙）""帝俊生黑齿，姜姓（炎帝神农）""帝俊妻娥皇"，所以，有些专家认为"帝俊"是很多神共享的一个名号。这样一来，就给研究帝俊的神话带来了很大的困扰。

殷商人的历法是什么样的？

《大荒南经》《大荒西经》里分别讲述了帝俊、羲和作为夫妇，生了十个太阳的神话，以及帝俊、常羲作为夫妇，又生了十二个月亮的神话。这两个神话刚好和殷商人的历法有关，殷商人以十天为一个单位，叫"十进位"，就是今天说的"甲乙丙丁……"，即"十干"。用"十干"配"十二支"，即"子丑寅卯……"，刚好变成中国人说的六十甲子。这个历法可以从"生十日""生十二月"的神话进行追溯。

帝俊的两个妻子：常羲、羲和

《山海经》中提到了帝俊的两个妻子，一个叫常羲，一个叫羲和，名字虽不同，但其中的"羲"字是相同的。太阳和月亮是我们在天上所能看到的最大的运动天体，日升月落，永恒循环，周而复始。

提炼、抽象日出月落的规则、宇宙运行的法则以后，就变成了古人说的"一阴一阳"，"阴"刚好是月旁，"阳"刚好是日旁，所以"一阴一阳"合起来变成了中国哲学中最高的范畴，即"一阴一阳之谓道"，"道可道，非常道"。

父权制体现在所有文明社会中，一个特征就是主神是男性神，女性神如果存在就要变成他们的配偶或女儿。希腊的天后赫拉是天神宙斯的老婆，而华夏神话给帝俊匹配了俩妻子：羲和、常羲。

俗话说"万物生长靠太阳"，这种观念来自史前时代，因为太阳在天空中运行的规则是周而复始，日复一日，从不停息的。所以，华夏的先民想象，太阳一定是被驮在一只大鸟的背上的，大鸟后来被想象成《山海经》中一个叫"三足乌"的乌鸦。太阳在它的背上运行，就好像太阳被大鸟背着飞行在天上。

在《山海经·大荒经》中一共有6次提到了所谓的"五彩之鸟"，又名狂鸟、鸣鸟、皇鸟、鸾鸟、凤鸟，属于鸾凤这一类，是中国人说的"火凤凰"。所以，太阳神崇拜跟凤凰崇拜就这样发生了密切的联系。

凤凰除了在视觉上看是一种五彩鸟以外，还有一个特征，它的鸣叫声是神圣的音乐的起源。这样一来，帝俊神话就变成了一个有体系的信仰系统。

大地母亲的信仰

一万年前，人类进入了农耕社会。农作物生长要靠天吃饭，特别是农作物的周期，要观察天文确定历法，确定播种和收割的时间。这些最初的农民需要观测太阳的运行，所以农耕社会的太阳神地位就更加重要，它往往和宇宙的规则联系在一起。

先民们认为，宇宙之间生命的生育能力分为两种，一种是阳性的，一种是阴性的。毫无疑问，太阳是宇宙之间阳性力量的总源泉、总代表，大地是农作物赖以生长的载体，被想象成阴性的、雌性的、女性的，所以今天人们还常说大地母亲。再到后来的文明社会，大地的性别就不太明确了，有时也叫"土地公公""土地爷爷"。

但是学习英文时，把祖国叫成"motherland"就体现了大地母神信仰神话的记忆还留在语词之中。培育农作物要把种子种在地里，类似于农作物的阳性种子使大地母亲受精。

后稷：史前农耕文化

农作物本身被看成阳性力量的代表，跟太阳发生了对应，这就体现在西周的后稷神话。西周人认为自己的祖先是一个农作物神。什么农作物？那就是小米，后稷的"稷"字就是小米的意思。后来的统治者们把国家政权简称为"江山社稷"，"社"是土神，蕴含了大地母亲崇拜。"社"跟"稷"，一个是阴性的，一个是阳性的，所以在所有中国古代文化的符号里，都保留着非常古老的来自史前农耕社会的阴阳信仰。

何谓"夷夏东西说"？

在中国文化研究中，20世纪上半叶有一个著名的理论叫"夷夏东西说"，意思就是东夷人的文化和西边夏人的文化结合起来，形成了华夏文明。再融合北边的北狄、南面的南蛮，所以形成了多元一体的文明国家。现在能够确认的东夷神话遗产就是以帝俊为中心的男性主神，东夷的帝俊代表太阳神，他又生了后稷，后稷是农作物阳性生命力最好的代表。

这样一来，中国农耕文化中的"万物生长靠太阳"的观念，和我们赖以生存的北方黄土地唯一筛选的耐干旱农作物小米也合成一体。在四五千年前后，大米也从南方传到了中原，西亚传来的是小麦和大麦。在此之前，也就是距今1万年到5000年，中国北方的主要食物只有小米和黄米。神话中后稷跟帝俊的父子关系，隐约透露着中国北方农耕文化的基础。现在小米也是人们日常生活中常见的主食，具有健脾胃的功效。今天早上如果你吃的是一碗小米粥，要记住，那是一万年前北方黄土地培育出来唯一的农作物。

炎帝对华夏文明的形成有何影响？

炎帝是姜姓，黄帝是姬姓。这是古代少有的两大最尊贵的姓。那么姬、姜是什么关系？黄帝的"姬"姓左边是一个女字旁，炎帝的"姜"字上面是羊，下面是女。跟"姜"字通假的一个字是羌族的"羌"字，只不过"羌"字是"羊"和"人"的结合，姜字是"羊"和"女人"的结合，这两者的侧重点有所区别。

由此观察，炎帝的姜姓和黄帝的姬姓中都带有女性的记忆，透露出母系氏族社会"知母而不知父"的记忆。

炎帝"姜"姓跟羌族文化有什么关系？

那么炎帝的"姜"姓跟羌族的文化有什么关系呢？今天中国少数民族中的羌族是古羌人遗留在四川阿坝这个地方的。古代的"羌"的概念要比少数民族的概念大得多。比如"大禹出西羌"，说明大禹和西部的氏羌文化有关。在古代整个中原以西的居民都叫氐羌，氐羌跟羊有关。炎帝的"姜"姓就跟氐羌人的生活方式产生了勾连，这就是来自西方或西北的牧羊文化。

根据中国古代动物考古研究，羊、牛、马这三种动物都是来自西边草原的。在欧亚大陆上，大约1万年前，在今天土耳其到巴勒斯坦这片区域，游牧的家畜就是绵羊和山羊，并通过文化传播进入中国，而中国本土饲养的家畜只有猪、狗和鸡。这样一来，氐羌文化变成了一个文化传播的纽带，是牧羊文化从西亚传到中亚再传到我们这边的表现。

西方来的氐羌牧羊文化对中原的农耕文化来说意义重大。牧羊民族来到农耕文化地区，就不以牧羊为主业了，也开始加入了农业生产，牧羊就变成了副业。今天在陕西、宁夏、甘肃，能看到农民既种粮食又养羊，这就是黄土地最常见的一种文化生态、一种生计样式。所以，农耕文化和游牧文化的结合，就体现着炎帝的姜姓文化中隐藏的重要历史信息。

我们可以把"真善美"这三个字写一写，会发现三个字中有两个字跟"羊"有关，就是善和美。

"善"就是好的意思，在今天具有道德价值，在古代是直接从吃羊的饮食习惯中提炼出来的。"善"加上月字旁，就是膳食的意思。中国人今天喝的汤在古代叫羹，是羊羔肉煮的羊汤。"美"字一般认为"羊大为美"，所以牧羊为业的氐羌族文化，不断向中原进发，融合出了华夏民族的主体。早来的羌人就变成了华夏族，晚来的还留在西边山地放羊的羌人，就被当成了少数民族的羌人。

炎帝的"姜"姓与黄帝的"姬"姓之间有什么关系？史书说是兄弟关系，但黄帝以河流姬水为生活中心，炎帝以姜水为生活中心。所以两大族群的后人，就变成了不同姓，不同的部落。姬水在哪里？学者们考证的说法纷纭多端，但是炎帝的姜水确认就在今天的陕西宝鸡，也就是陕西最西边的一个城市，再往西去是甘肃天水，那里有一条河叫清姜河。所以当地就认定为是以姜水为中心的炎帝部落生活的地方。

这 就 是 山 海 经

神农尝百草

今天的陕西宝鸡建起了炎帝陵，每年也有盛大的祭祀活动。但在中国南方，特别是湖南株洲这一带，也有非常隆重的祭祀炎帝的传统。

神农炎帝之所以在陕西黄土地受到祭祀，在湖南种大米的地方同样受到祭祀，就是因为他反映了中国农耕文化深远的文化记忆。

那么，神农和炎帝到底是一个人还是两个人？现在一般就把这二者合在一起，但是在学术考究上有不同的意见。有些人认为，神农是神农，炎帝是炎帝，两者本来就不是一回事。唐朝的司马贞为司马迁的《史记》补写出《三皇本纪》，其中第一位伏羲，第二位女娲，第三位神农。于是神农炎帝合一的脉络传承，在唐代以后作为正史就更加清楚了。

神农炎帝还有一个功绩叫"神农尝百草"，表明了中医、中药的起源。炎帝的"炎"字写出来是两个"火"，汉代以后有所谓"阴阳五行"的学说，即把宇宙中的五个元素——金木水火土，配成五种颜色、五个方位，"火"是赤色，方位在南方，所以炎帝在汉代以后，都被设想为南方的大神。

炎帝还有一个辅佐之神，就是被南方的楚国人认为是自己祖先的祝融，也是炎帝一系的火神。祝融的名称背后也很有讲究，跟伏羲"天熊"有关系。楚国建国之后，国王都用"熊"为号，这跟祝融的崇拜是有关系的。融（róng）在吴方言中，就读为熊（xióng）。汉语形容火的燃烧，至今还称"熊熊烈火"。

以前的国学研究主要靠传世的书本知识，20世纪中期以后，在南方长江流域的江汉平原，也就是过去的楚国区域，发现了一处又一处的战国竹简书，比如郭店楚简、九店楚简。另外还有河南南部的葛陵楚简，乃至著名的"清华简"，还有上海博物馆从香港文物市场上买回来的"上博简"。对于中国上古神话、历史研究来说，这些珍贵的"二重证据"让我们看清，南方一系的文化并不是像后人想象的那样落后、野蛮、低等。今天我们可以利用地下出土的这批新文献，重新找回很多历史上已经断裂的缺环。笔者为此撰写论文《祝融：神话历史的复活——四重证据法重建楚版上古史谱系（14祖）》，于此不赘。

这 就 是 山 海 经

黄帝为何长着『四张脸』，并且爱『种玉』？

黄帝是神话人物还是历史人物？学界讨论得非常热烈，但是迄今为止还没有一种确切的观点得到公认——比如黄帝在哪里建国？黄帝传承了多少代？他的国家是什么样的？

司马迁写《史记》中的《五帝本纪》是以黄帝开篇的，但是司马迁参考的材料比较博杂，各种说法都有，司马迁很难取舍，所以他专门说明"百家言黄帝，其文不雅训"，"不雅训"就是不正经，奇谈怪论太多。他找了其中他认为最"雅训"的部分，汇编写成《五帝本纪》中的黄帝传记，为今天的研究提供了一个梗概、提纲。

黄帝的两个名号：有熊、轩辕

黄帝最重要的圣号，一个叫"轩辕"，一个叫"有熊"。为什么黄帝留下了这两个圣号？这两个圣号是什么关系？司马迁没有做任何解说。从司马迁依据的战国历史文献《竹书纪年》中,我们知道原来"有熊"不是黄帝发明的,黄帝的父亲叫少典,也是一个部落首领,他建立的国族名字就叫"有熊国",所以黄帝等于继承了少典的有熊国圣号。少典既是黄帝的父亲,又是炎帝的父亲。两个兄弟后来不和,就分家了。所以"有熊"这个圣号来自黄帝的祖根,这是我们今天研究黄帝神话的重要的切入点。

再看"轩辕"这个圣号,两个字都从车。黄帝神话中专门有一个情节,他跟蚩尤作战的时候,蚩尤刮起了漫天的飞沙,黄帝的军队不辨东西南北,这时军队就陷入了危险,所以黄帝发明了指代方向的指南车。

所谓指南车跟轩辕有直接对应的关系,指南车就是在天上看到的所谓"北斗",北斗指出了北,指南车也指明了南。所以,如果从"天人合一"的意义上看,北斗作为指代方向、在夜间帮助人类辨别方位的一个天象,也可以理解成一辆旋转的车,方的部分是车斗、车厢,前面伸出来的部分就是车舆。古代北斗叫作帝车,北斗帝车围绕着北极星而旋转,中央的北极星则不动,被想象为天上最高贵的尊神,在汉代以后都叫"太一神"。太一神位居天庭中央,围绕着它旋转的星相组合叫紫微垣或紫微宫。于是,人间皇帝在北京的紫禁城,就对应天上的紫微宫。司马迁《史记》有一篇《天官书》,就是讲星相的。关于北斗,《天官书》是这样说的:"斗为帝车,运于中央,临制四乡。分阴阳,建四时,均五行,移节度,定诸纪,皆系于斗。"

在甘肃礼县出土了一件秦国人的青铜器,是一辆青铜铸造的车,这辆车没有车舆,基本上是四方形的,在车的四角趴着四只螭虎,中央有一个驾车人的形象,双手好像拿着缰绳。在驾车人身后,端端地坐着一只神熊,是车上的"帝",是中央的第一统治者。这辆车四四方方,代表东南西北,指代方向,所谓"轩辕帝车"、指南车,说的都是它。这辆车和车上的神熊,刚好跟黄帝的两个圣号对应。

前面讲到我们研究《山海经》的神话可以利用"第四重证据",秦国先公先王墓里出土的铜车，把轩辕的形象和天熊的形象结合为一体，就是"第四重证据"。虽然只有这一件，但也能证明熊图腾崇拜和天上的北斗星、北极星的关联意义。孔子在《论语》中有个比喻，叫作"譬如北辰，居其所而众星共之"，意思是说，斗转星移，整个天在转，只有一个中心不转、不动，那就是天地中央，所以天熊的位置非常高贵。

以上是对黄帝有熊神话的说明，也是我个人的研究成果。我写了一部考察记《熊图腾》，书中找到了中国北方辽河流域5000年前的神庙中熊神的熊像、塑像，还有真熊的头骨。今天在这个地方，辽宁省政府建起了世界最大的史前遗址公园，叫牛河梁遗址公园。因为这里的庙里没有发现男神，只有女神，还有熊的塑像，所以女神崇拜和神熊崇拜就明显联系到一起。

轩辕黄帝和熊图腾的崇拜是中国历史上失落久远的题材。在伏羲、黄帝、鲧、禹、启，以及楚国的先祖和国君背后，关于天熊的记忆都失落了，中国最早的神圣图腾之一几乎被后代遗忘了。唯有《庄子》说的熊经鸟伸，以及华佗五禽戏中的熊戏，保留下来一些远古熊崇拜的蛛丝马迹。神熊信仰的断裂，和神龟的情况一样，属于文化的断裂和遗忘，是需要今日学人用多重证据打捞和重建的古老文化真相。

黄帝为什么有"四张脸"？

传说中黄帝有四张脸，叫"黄帝四面"，他朝向着东、南、西、北四方，四张脸各朝向四方。

我们提到过汉代流行的所谓"阴阳五行学说"，用五种颜色来搭配五种方位：东边是青色；南边是赤色的，跟炎帝、火神祝融配在一起；西边是白色的；北边是黑色的；只有中央是黄色的，是四种颜色的混合。中央黄帝有四张脸，这是对大地上中央之国的一种象征，黄帝继承的少典"有熊国"，对应着天上的北极星和北斗帝车，也就是天上的中央。这样一来，我们对"黄帝四面"神话的认知，就找到了"天人合一"理解的逻辑线索。

黄帝为何播种"玄玉"？

在《西山经》中有一座山叫"峚山"，黄帝在峚山做了一件事，就是先吃"白玉膏"，又把它作为种子，像种庄稼一样播种到地下，然后生出了一种玉，叫"玄玉"。"玄"就是黑色的意思，所以"玄玉"变成了《山海经》中唯一有完整叙事记载的圣物，和黄帝联系在一起。

《山海经》又采用赞颂之词，称之为"瑾瑜"，认为"玄玉"是天下的至宝，没有比它更高等的物质。黄帝播种的"玄玉"到底是什么玉？我们认为，这不是黄帝的叙事问题，是整个《山海经》西部叙事的普遍性问题。自古宝玉来自西边。在甲骨文时代和青铜时代以前，中国人普遍崇拜的圣物就是玉礼器，美玉跟甲骨一样，是通神占卜的器物。

我国史前文化已经发现了 10000 年和 9000 年前的玉器，都在东北地区。在距今五千多年时，玉礼器文化逐渐开始汇聚到中原地区。《山海经》一部书记载了 447 座山，其中的 140 座山是出产玉石的，这个信息关系到中华文化的最大秘密。全世界人都崇拜黄金、白银，只有我们的祖先在没有黄金、白银的时候，只崇拜玉。黄金、白银跟青铜一样，与外来文化传播有关，这是后话。

那么，黄帝播种的"玄玉"到底是虚构的神话想象，还是有真实的基础？刚好在 2010 年，河南的灵宝铸鼎原考古发掘出了仰韶文化的大墓。墓里随葬的玉器距今 5300 年。因为中原地区没有好的玉矿，材料来源不足，所以，墓里随葬的玉器是中原地区能够看到的最早的玉器，是墨绿色的蛇纹石材质。墓主人的头朝着日落西山的方向，头顶上方放一个用玄玉制成的玉钺，指引其灵魂升天。

距今 5300 年这个年代，刚好符合我们所说的黄帝距今 5000 年上下的时间。灵宝西坡大墓是 21 世纪新发现的，顺着灵宝（河南最西）的地点，再往西就是潼关，进入了陕西。顺着黄河的最大支流渭河，就能找到中华上五千年出产玄玉的矿源。灵宝刚好是在黄河南岸。顺着黄河支流渭河一路向西，就到了甘肃天水武山县，那里的矿山今天依然出产玄玉玉矿。

从收藏的意义上讲，"玄玉"的玉质远不及和田玉。它实际是今天的蛇纹石玉，一般为墨绿色。在强光照射下就是翠绿的颜色，在没有光线处或暗处就变成了黑色。今天人们还在使用这种玉，因为其产量很大，比较容易得到，它的材质的经济价值跟真玉（即透闪石玉）根本不在一个级别上，所以成了大批量生产的旅游纪念品的原材料。如果你去了河西走廊，在敦煌转了一圈，就会发现海量销售的旅游纪念品"葡萄美酒夜光杯"，就是拿这种玉做的。

因为中原没有优质玉矿，在中华上五千年顺着渭河输入中原的就是这种玉石材料。这种材料在中原大地风行了大约 1000 多年，到了距今四千年前龙山文化崛起，西部更多优质的透闪石玉（和田玉）逐渐进入中原，最终取代了玄玉。

"玄"字在中国思想史上具有非常重要的意义，《道德经》第一章的末句就是"玄之又玄，众妙之门"，意思是：你想打开中国道家思想智慧之门吗？你要先看懂"玄"是什么意思。《庄子》也讲了一个关于黄帝的寓言，就是黄帝粗心丢了一个"玄珠"。汉代的竹简书和传世的书有一部《玄女经》，讲的是黄帝以及他的一位女性老师，名字叫"玄女"。

黄帝和玄玉，黄帝和玄女，黄帝和玄珠，我们在这些叙事背后，看出了一个上古神话历史叙事的模式化编码，命名为：玄黄二元色编码。所以到了后来，周兴嗣写《千字文》，第一句话就是"天地玄黄，宇宙洪荒"，可知玄玉背后透露出了如此重要的思想史的信息。魏晋以后兴起的玄学，甚至在西学东渐时代变成我国国学的代名词，对应西方人的科学，出现所谓

"科玄之争"。

如今有谁想学习和体认中原上五千的玄玉玉钺群的究竟，那就去咸阳博物院观看"仰韶玉韵"特展吧。那里有我 2021 年初从博物院库房中辨识出的 15 件珍贵文物，其材质和灵宝西坡铸鼎原大墓出土的玉钺完全一致：深色调的蛇纹石。

这 就 是 山 海 经

后羿射日：到底是人间英雄还是兄弟内讧？

在中国神话中，相当于希腊神话中的赫拉克勒斯（Hercules）的大英雄，就是后羿。他最大的本领就是善射箭。成语"纪昌学射""逢蒙学射"讲的都是他的徒弟的故事。

后羿是人间英雄，还是降临人间的天神？

在通行的基础教育中，一般把后羿说成人间抵抗自然暴力的英雄。当时十个太阳暴晒大地，农业社会中所有的农作物都被晒死了，后羿挺身而出，替人民排忧解难，所以人们崇拜他。但在古代文献中，尤其在屈原的《天问》中，有一句"帝降夷羿"，却说后羿不是人间英雄，而是帝俊把后羿从天上派到人间，叫作"革孽夏民"。

后羿既然有天神的身份，那他是天上的什么神呢？前面讲到帝俊的时候知道他是东夷人的太阳神。帝俊和他的妻子羲和生了十个太阳。

后来后羿来到人间，一般人认为后羿是射日者，跟太阳是敌对关系。但是，我们通过比较神话学的解读，认识到后羿自己就是太阳神的后裔。如果他有天上的神格，他的神格就是太阳神。

这个观点其实容易证明，希腊神话中有一个太阳神叫阿波罗，出场的时候身上一定要挎着弓和箭。为什么希腊人想象的太阳神是一个射箭的神射手？如果熟悉古代印度的神话，就会知道，黎明女神就是太阳女神的前身，一般不说黎明女神发光，而是说她发出了万枚金箭。因为先民把太阳发出的万道金光理解成射出的万道金箭，金箭的速度又快，数量又庞大，所以太阳神是神射手当之无愧。

古人的思维方式跟今人的唯物主义思维方式是有重大区别的，古人是用神话思维想象自然现象的。有一种神话思维就是"以类比类"，在类似的现象和事物之间画上等号。在《墨子》中有 4 个字，把这个比喻的底牌交出来了，叫作"光照如射"。这样一来，人间的射手英雄后羿就有了太阳神的身份。除了希腊的阿波罗以外，在许多非洲原住民的神话中最伟大的射手都是太阳自己。在中国南方的沧源岩画上，刻画了一个太阳的形象，太阳的圆圈中站了一个小人，小人左手持弓、右手持剑，这就把后羿这样的神射手善射的想象和太阳的神话意象组合成同一个形象了。

沧源岩画：太阳神射手图像。摄于云南沧源

这 就 是 山 海 经

后羿的原型和真相

我们做一个文字游戏，在本子上写一下"羿"字，然后把本子 90° 放倒，观察一下，就会发现"羿"就是两支并列在一起的箭，箭尾插着羽毛，使箭在空中滑行时才能保持平衡。另外这个汉字的写法，就是一幅素描：太阳神放出万道金箭的象征，被老祖先的象形文字记录了下来。通过神话类比的幻想能力，我们可以找回后羿的原型和真相：善射箭的太阳神。

那么如何来看待后羿的太阳神的身份？他自己怎么又射日？我们在讲到商代历法的时候专门提到，商代采用"十干"制，其历法是按照 10 个太阳轮流照耀世界排开的，依次为"甲乙丙丁……"。

刚好在《山海经》和《淮南子》等神话叙事中，都不约而同地讲到东海之中有一棵树叫扶桑，扶桑上有十个太阳，"一日居上枝，九日居下枝"，每天有一个太阳升上天，另外九个太阳在下边等着轮流值日呢。一旦十个太阳中的一个把其他九个太阳射落了，会出现什么样的情况？毫无疑问，后羿射九日的神话，有人说是一次历法改革，一个太阳把天上的九个兄弟射掉，只由他自己来独自照耀世界，这不就是独裁、篡权吗？

在人类学上有一种说法，父系社会的继承规则是长子继承，母系社会刚好相反，因为家庭里没有父亲，叫"知母不知父"，大儿子长大了就先出去创业，二儿子长大了也离开家庭了，只有最小的儿子留在母亲身边。继承母亲家业的自然是末子。所以有人说后羿射九日，不是人间的英雄战胜自然暴力，而是太阳家族中十个兄弟之间的一场内讧。这个说法留给大家自行思考吧。

巨人夸父为何要追赶太阳？

九

夸父逐日的故事为国人所熟知，为什么一位巨人要追赶太阳？关于这个家喻户晓的古代神话题材，在专业研究中也有与众不同的解读。我在 20 世纪 80 年代末，写了一部《中国神话哲学》，主要是想要找到中国神话宇宙观的元语言（meta language），也就是潜规则。

这本书主要讲的是中国思想的第一概念"道"是怎么来的，是怎么样从周期性变化的宇宙节律中，从各种天体、物象、动物崇拜中提炼出规则的。我在这本书中讲了"夸父逐日"，给它起了一个副标题叫"道的故事"。

为什么说夸父是"水神"？

"夸父逐日"有两个主角，如果太阳代表阳，那夸父作为对立面就应该是阴。所以我参考有关专家对夸父神格的界定，其中一个观点认为夸父是水神、北方之神、阴神。我们到紫禁城去参观，会发现南边宫殿是朝阳的，用来给皇帝处理朝政并接见外来宾客，北边的宫殿，一般是住皇后妃子的，这就是按照中国人的阴阳宇宙观来设计的。这种布局反映了古代中国神话的宇宙观，乾清宫和坤宁宫的命名也体现了这一点。

《海外北经》中还有另外一个叙事，就是"夸父与日逐走，入日；渴"。"入日"，他已经追上太阳了，可太阳太热了，他被晒得特别渴，所以"欲得饮，饮于河渭；河渭不足，北饮大泽。未至，道渴而死。弃其杖，化为邓林"。这就是《海外北经》中有关夸父逐日神话最早的详尽记载。

虽然就两三行字，但是情节非常清楚。夸父追着太阳走，最后太渴了就去黄河和渭河找水喝。"河渭"在这作为一个词出现的，也就是陕西、山西、河南三省交界的风陵渡的地方，渭河在这里汇入黄河。所以这位作者的写作背景一定是北方黄河中游地区的，否则不会有此地理概念。

饮黄河、渭河的水还不够解渴，夸父又往北去了，所以北方的"大泽"在这里的方位也非常重要。然后"弃其杖，化为邓林"，即夸父死在那里了，这样的叙事从一般字面上看，确实不太好理解，但如果我们用道的宇宙运行模型来看，就容易理解了。

我们把宇宙观建构成"上北下南"，太阳从东边升起，向南方偏移，最后在西方落入地下，那夜间太阳去哪里了？

大家想一想，白天太阳整个从东到南到西画了大半圆圈，夜间一定下到北方去了，第二天又从东方升起，所以太阳照不到的北方，反而变成了夜间，也就是阴间的象征。

夸父追日为何跟"道"的思想观念有关？

夸父追着太阳走，跟太阳走同样的路线，在北边死去，这种叙事，反映的是古代思想中的一种观点，即道的运行是以太阳运行为基本原型的。太阳在白天自东向西，夜间向北，这种运行规则，刚好跟水的运动模式中又上又下的循环联系在一起。所以，水的运行跟太阳的运行类似。在老子《道德经》中专门有一句叫"水几于道"，其中的"几于"就是接近或相似于道的意思。

为什么叫"水几于道"？古人想象中的水，不是静止的，都是一江春水向东流，流到海里去的水还会回到天上，又化作雨水、雨露，重新回到大地。所以古人想象中的水，一定是先下后上、上上下下、循环不已。

李太白的诗说"黄河之水天上来"，从陕西到甘肃的第一个城市名字就叫"天水"，那不是指黄河，是指"西汉水"。"西汉水"对应的是天上的银河，叫天汉，地上也有"汉"，所以就认为地下水的真正源头都来自天上。古人坚信，水是循环运动的，循环才能永恒。这样一来，水神追逐太阳，讲述的就是老子"水几于道"这个故事。

"河"和"渭"：华夏文明史前的重要文化脉络

"夸父逐日"里还提到的细节就是"饮于河渭"，为什么作者会把"河"和"渭"联系起来呢？

上古汉语中，"河"这个字不是泛指天下的河流，而是专指黄河。渭水（渭河）也是一样。汉语中还有一个成语叫"泾渭分明"，渭河是黄河最大的支流，泾河是渭河最大的支流。"泾"和"渭"两条河刚好都从甘肃流到陕西，再往河南、山西这边汇入黄河。

所以这就把黄土高原的腹地，中原文化的核心区，通过河流串联起来。在距今 7000 年到 5000 年之间，中原最重要的文化叫仰韶文化，它的中心地区刚好就在渭河流域。夸父逐日把"河"和"渭"连在一起，讲出了中华文明史前最重要的文化脉络。

夏朝的统治者"大禹出西羌"，应该是从甘肃顺着渭河或泾河进入中原

这 就 是 山 海 经

的；周朝的统治者最初就是在泾河流域，从甘肃陇东来到了陕西岐山，建立了周人政权，最后向东打到了安阳，推翻了殷商商纣王的政权；后来的秦人，同样是为西周王室养马，在西汉水（天水一带）兴起，然后来到关山，来到了陕西宝鸡的岐山，最后挥师东下，消灭了六国，统一了中国。

这样看来，夏、周、秦都是顺着渭河的上游，来到了渭河的下游，顺着黄河的方向再东进。再看看秦始皇陵兵马俑的方向，全部的军阵坐西朝东，那是秦始皇挥师东进的方向，是中国统一的方向。所以"饮于河渭"这一句看似是个简单的对地理概念的交代，其背后引出的是深远的文化脉络。如果再上溯到炎帝的姜羌文化（西部草原牧羊文化是通过氐羌族群发展而来的），那就是对中国文化源远流长的一种暗示。

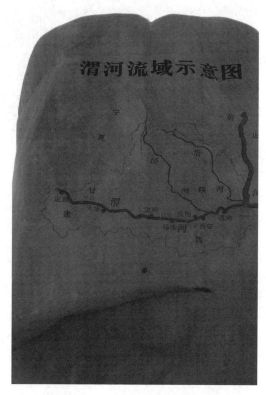

渭河流域示意图，2018 年夏摄于三河口

异兽篇

张劲硕

徒步荒野山林的偶遇

《山海经》中的动物到底是传说还是事实？

自古以来，我国的野生动物多样性都是非常丰富的。我在中国科学院动物研究所国家动物博物馆工作，在我们的标本馆（现为国家动物标本资源库）中，共有1020万号（件）的动物标本，正式对外展出的有6500件标本，这里面包括各种各样的、不同类群的动物。来到《山海经》的世界，我们就来聊一聊《山海经》里的动物。

想象与现实

说到《山海经》里各种各样的动物，大家可能联想到的都是一些奇形怪状的动物，它们可能是古人想象出来的一些动物。现在我们就来聊一聊《山海经》中的兽类和现实当中的兽类之间的关系。当然，其中可能也涉及一些其他的物种。

想象的动物总是在某种程度上脱离现实的。

像我们这样从事动物学研究的工作者，对现实当中的动物还关注、研究不过来呢，更不要说去探究人类想象出来的动物了。地球上现存的、已经被科学家发现和命名的动物种类就有大约 300 万种。其中兽类，亦称哺乳动物，大概有将近 7000 种。

但是对于《山海经》而言，当我们翻开这样一部奇书，可以说看到的是一部上古时代的特殊遗作了。它之所以能够流传到今天，本身就是个奇迹。所以在《山海经》当中提及了很多动物，我们想要探寻能不能把它们还原到现实世界当中。《山海经》中对于动物的描述，作为一个想象也好，或者说有一定的依据也好，我们能够收获的内容是今天我们应该如何去看待、了解动物与现代博物学研究、自然科学研究，或者说是自然观察之间的联系和特点。

《山海经》当中的怪物到底是传说还是事实？实际上，这是一个挺有意思的问题。比如我见到一种动物，我并不认识它，也不知道它叫什么。但是当我向另外一个人讲述的时候，我可能会对它有一个简单的描述。比如我看到一个女人，我可能描述这个女人个子很高，身材修长，胳膊和腿也是细细的、长长的，腰还很细。她的脸可能是比较瘦的瓜子脸。这样的描述听起来感觉是一位美丽的女子。当我把这几个信息告诉你的时候，你不认识这个女人，但是通过我的一些简单描述，你可能就能把她画下来。或者是按照我刚才的描述，你的大脑中会呈现一个图像。这个图像，我给 10 个人描述，可能每个人呈现出来的图像并不一样，或者说，呈现出来的是姿态不一的美丽女子。因为我提供的信息是有限的，有限的信息必然会造成一些偏差，更有甚者如果把它当作不完全的信息，那么很有可能他最终画出来的东西变成了一只螳螂。

明明在描述一个美女的形象，但是对于听者来讲，由于他所掌握的信息过于简单，得出的形象就可能化成了一个怪物，抑或异兽，一个和你所看到的真实世界当中的动物完全不一样的物种。《山海经》毕竟属于上古时期的书，注重的是自然、人和天地万物之间的关系，强调的是天人合一的思想。

那个时期的人们在对大自然、对万事万物不了解的情况下，一定会对自然界的各种现象，包括我们所看到的天象、太阳、河流山川、自然万物、怪石群山、珍禽异兽等，有一种膜拜，甚至恐惧，因此人显得很脆弱。

所以在认知不是很发达的阶段，人们必然会对很多他们看到的、听到的，尤其是传言中的一些事物，产生某种夸大其词。当然这种夸大本身也源于一种自然崇拜。就某种角度而言，《山海经》就是对地理的记述。实际上，人类社会伊始，刚形成一种交流的状态和交流的模式的时候，便一定会形成类似的一种记载、一种信息的载体。早年人们可能采用的是口口相传的方式。所以当我讲述在山里看到一只怪兽的时候，就很容易无限地夸大描述。

其实今天也同样存在着"夸大"。例如，有人说尼斯湖有水怪，有人说在神农架看到了野人，过去几年还曾传说天山上有大脚怪等，类似的传说到今天仍然存在。因此，可想而知，在上古时期，在科学语境完全没有建立的情况下，人是处在一种什么样的想象之中，或者人对动物、植物有怎样的认知？

当我们仔细翻看《山海经》的时候，会发现其中有些记述还是比较准确的。我们甚至可以通过里面的文字，将其比较准确地还原。为什么能够还原呢？因为《山海经》中的很多信息是非常具体的，是具有一定的鉴定特征的，所以我们才能够这样将其还原，并呈现出来。接下来，我会给大家梳理《山海经》中的一些我们能够把它们直接还原的、找到准确原型的动物；还有一些可能未必真实存在的传说中的动物，它们肯定也有一定的原型，只是在口口相传的过程中出现了不准确的地方。

古今博物学

今天，我们大家都对博物学非常感兴趣。上古时代其实也存在博物学，在科学产生之前，必然先有博物学。博物学，即 natural history，就是对自然的一种探究。因为在 history 之前是没有历史学的，history 产生于西方语境之中，来自希腊语，它是什么意思呢? 它就是探索、探究、描述的意思。所以博物学就是对自然的一种观察和描述。

在上古时代，人们自然而然也会有这种所谓的博物学观察和博物学研究，但这和我们今天讲的博物学或者说是现代概念的博物学肯定是不一样的。古人的分类体系标准和形态描述方式，肯定也不会像现在那么精准，那时候更没有所谓的博物绘画或者是照相术。即使岩画可能还保存至今，但是相对来讲提供的信息也是非常有限的。所以古人肯定要凭借有限的知识记述，后人再进行文字整理，于是就出现文字记载中的这些光怪陆离的动物。我们要借助今天日常生活中或者是现实世界中熟悉的动物，来加以形容、解释《山海经》中的动物。

《山海经》中异兽描述的密码

上一节笼统地介绍了我对于《山海经》中各类珍奇异兽的认识。这一节，我们来看一看《山海经》中异兽描述的密码。

我们知道《山海经》中的珍禽异兽是非常丰富的，大概有 300 多种，其中有 100 多种的兽类，将近 100 种的鸟类和 50 多种鱼。当然古人过去会把各种动物做一个分类。

"分类"是人类认识自然的必然方式

今天，我们熟知的伟大的分类学家是卡尔·冯·林奈（Carl von Linné）。他在他的著作《自然系统》中利用拉丁文给动物、植物进行命名，并且创立了双名制的命名法。在整个自然系统中，有不同的分类。我相信很多朋友也听说过：门、纲、目、科、属、种。但是这是西方的，尤其是现代科学概念下的分类。而中国文化源远流长，我们有 5000 年的深厚历史，在这一漫长的不间断的历史过程中，古人是怎样将动物分门别类地进行管理的？

其实很多汉字是有偏旁部首的，比如有鱼字旁、鸟字旁、虫字旁、鼠字旁、反犬旁，还有豸字旁。金钱豹的"豹"，它左边是豸字旁。这说明了什么？说明古人已经对他看到的各种各样的动物进行了朴素的分类。他看到一个自然事物便会起一个汉字，即命名。比如说有一些动物，它长得像鱼，代表它的文字就归到鱼部；它长得像虫，那么代表它的文字可能就隶属于虫部；它长得像鼠，代表它的文字就带有鼠字旁。这就进一步说明了，中国古代的分类比林奈的分类学早了至少 2000 年。

由此我们可以知道"分类"是人类认识自然和周围事物的一种必然的方法。古人会根据发音来发明汉字，有了汉字，即有了形，就代表了一种分类。古人在《山海经》中关于"分类"的意识也很有意思。在我看来，《山海经》是一部生物地理学著作。它会告诉你或近或远的山海之中有哪些动物和植物，不同的地理区域中都有哪些不同的动物和植物。《山海经》对不同地理环境下各种各样的动物、植物进行了分类管理。而古代的分类思想是"五纲"思想。刚才我们讲到现代西方有门、纲、目、科、属、种的分类。古代的五纲是毛、羽、昆、鳞、裸。毛是什么？就是指带毛的哺乳动物。羽是什么？就是指各种各样的鸟。昆即昆虫。鳞指的是各种鱼类及两栖爬行动物，它们身上一般都有鳞片或者比较坚硬的结构。裸主要指所谓的裸虫，就是裸露皮肤的动物，包括像类蛙、蚯蚓等。所以，古人是根据简单的形态进行分类的，这是一种非常原始朴素的划分方法。

用动物的叫声为其命名

在《山海经》中，很多动物的名称源自这种动物的叫声。直到今天我们仍然保留了很多动物的命名，比如布谷，因为我们听到它的叫声就是

"布谷"，布谷鸟就是大杜鹃。古人由于受到很多限制，不一定能直接看到这种动物或者是某一类动物，但是他可能很容易听到这些动物的叫声，所以很多动物的名称，包括《山海经》中出现的一些动物名称，很可能就是根据动物的叫声命名的。或者，他们是用动物某一方面的特点进行命名的，名字是与动物的特征有关，并且是相匹配的。比如《山海经》中记载的飞鼠，虽然在现实中，或者在今天的自然界中，我们找不到对应的动物，但它可能有滑翔的本领，因而被命名为"飞鼠"。

在这样的分类体系的构建下，我们可以清楚地看到，《山海经》中涉及、记载的所有物种都是经过分类和命名的。《山海经》在一定程度上说明了在远古时代或者上古时代，就已经有了朴素的博物学分类方法。

《山海经》中『麋』的秘密

三

在这一节当中，我将系统地介绍一些神奇的异兽：各种在《山海经》中出现的异兽，在现实当中是否存在？它又和现实中的动物有哪些差异？有哪些联系？

西皇之山的"麋"与"牛"

首先，我想给大家介绍一种叫作"麋"的动物，就是我们经常说的"麋鹿"，也被称作"四不像"。在《山海经·西山经》中，有这么一句话说：

"又西三百五十里，曰西皇之山，其阳多金，其阴多铁，其兽多麋、鹿、𪊘牛。"

这里边的生字大概只有"𪊘"字。这个字的意思就是"肉重千斤"，也就是"𪊘"这种牛很重，身体很庞大，重达千斤。

从《山海经·西山经》这句记载中，我们可知"西皇之山"这个地方产麋、鹿、𪊘牛。

按照今天我国动物分布的情况，在西部或者西南部地区确实有体型如此庞大的牛，一般重达一吨甚至两吨，非常结实。我猜想，远古时期很少有人会在青藏高原生活，所以古人可能很难见到野牦牛。但是古人可能会集中生活在我国的南部或者西南部地区，也就是今天的四川、云南、贵州、广西等地。这种巨大的牛很可能就是我们今天熟知的白肢野牛和白臀野牛。白肢野牛也叫印度野牛，白臀野牛也叫爪哇野牛，这两种野牛在我国都有。

另外，按照最新的动物分类，在我国云南独龙族生活的环境中，有一种牛叫作"大额牛"，它的额头特别大。过去，这种牛曾经被认为是白臀野牛的一个亚种，是由它驯化而来的。但是经过今天的 DNA 分子生物学研究后发现，它与今天的印度野牛或者叫白臀野牛之间的差别还是比较大的。从基因方面来讲，它可能已经经历了几十万年甚至更长时间的分化。因此也有科学家认为大额牛应该是一个独立的物种，也就是说它的祖先可能已经灭绝了，我们只能看到现存的这类物种。

远古时期或者上古时期的《山海经》以及那一时期的动物物种，和我们今天所了解、所能见到的动物物种相比会有很大的差异。因为有一些物种可能已经灭绝了。所以，我们需要知道《山海经》所记述的内容是上古时期，甚至更早的时期的生物地理状况。在那个时期可能会存在很多的物种，但今天我们可能未必见到这些物种。当然这只是一种推测，我们也不可能去验证。不过，我们完全可以大胆地想象，比如说在《山海经·西山经》中，牭牛可能真的就是大额牛的祖先。因为大额牛身体非常强壮，肌肉也很发达，脂肪量很低，身体上是一大块一大块的肌肉，比野牦牛还要结实。野牦牛虽然看着体型很大，但是它的毛也多，所以直观上我们感觉它很大，可实际要论分量、论肌肉的含量和密度的话，印度野牛，也就是白肢野牛，还有爪哇野牛，即白臀野牛，这几种牛都是非常结实的，只不过其中有些野牛可能已经灭绝了。

古人记载的"麋"与今天所说的"麋"是否为同一种动物？

在《山海经·西山经》中有记载说西山这个地方有麋、有鹿。首先，我们可以清楚地看到，古人已经将"麋""鹿"分辨得很清楚了。比如在《封神演义》中就提到姜子牙的坐骑就是麋。但是，我们会发现古人所说的"麋"和今天我们所认识的"麋"可能并不是同一种动物。当然我们也不排除古人所说的"麋"是今天"麋"的原型。

古人对"麋"和"鹿"进行区分，并创造出不同的文字指代，说明这两种动物是有一定差异的。到了晚清时期，我们今天所指的"麋"才被真正地确定下来，并被赋予了准确的定义，法国传教士阿尔芒·戴维神父用单筒望远镜发现在南海子皇家猎苑饲养着一个新的物种，随即买通了当时的看守，将新物种的两套骨骼和角寄到法国巴黎的国家自然博物馆。当时的馆长就用"阿尔芒·戴维"的名字来命名这一新物种。

所以，我相信古人是能够看得出"麋"与"鹿"之间的区别的。《山海经》中所指的"麋"很可能就是我们今天所认识的"麋"。如果按照现代分类学来讲，因为古代的"麋"和今天的"麋"有一个很大的区别。我们总说"麋"是"四不像"，它的角似鹿非鹿，脸似马非马，蹄似牛非牛，尾似驴非驴。所以它跟鹿整个形态大体相像，但是如果追究细节，就会发现"麋"与今天的"鹿"是完全不一样的。此外，"麋"还有一些特点。为什么说它的蹄子似牛非牛？是因为它多生活在沼泽地带。我国的西部地区其实分布着很多沼泽，比如青藏高原有很多的"错"，即各种湖泊；云贵高原也有很多湖，包括滇池等。在我国西部和西南部的省份，有很多盆地、湖泊和沼泽。而这些地方在历史上恰恰就是麋生存的地方，是"多麋之地"。所以《山海经》中所记载的动物，有很多在现实当中是真实存在的。

从『讙』的记述理解天地人合的哲学

《山海经·西山经》中提到一种动物，叫作"讙"。这个"讙"与我们今天讲的反犬旁的"獾"并不一样。《山海经》中是这样记述的：

"西水行百里，至于翼望之山，无草木，多金玉。有兽焉，其状如狸，一目而三尾，名曰讙，其音如夺百声，是可以御凶，服之已瘅（dǎn）。"

里面"瘅"是一个生僻字。古代将脾胃当中燥热称为"火瘅"，中医就认为这是一种热症。所以根据《山海经》的描述，食用讙肉，可以医治由于身子太弱或劳累而造成的疾病。

那么"讙"到底是指一种什么动物呢？《山海经》中说讙的一个特征是像狸。古代的狸，今天一般认为是狐狸。但是狐是狐，狸是狸，"狸"究竟是什么？其实"狸"更接近于今天人们所说的一丘之貉的"貉"。

古人讲讙"其状如狸"，那么可想而知它的体形基本上和我们今天所看到的獾的大小是相匹配的。除了样貌体型上的特征，《山海经》中还记载谨是"一目而三尾"。《山海经》中涉及很多动物，都有多条尾巴，比如九尾狐。但实际上它们是不是真的长这样呢？我个人认为其实古人观察动物的过程是很复杂的。西方的科学产生，基本是有依据和凭证的。比如林奈建立分类系统的时候，一个重要的依据就是采集标本。但是中国古代似乎并不注重这种凭证。当然，我们为这些动物的命名比西方科学意义上的命名要早得多。所以在某种程度上，《山海经》中这样的记述意味着在当时人们是不需要凭证的，也就是说未必真要抓到一种动物，它长着一个眼睛、三条尾巴，然后给它命名为谨。《山海经》这部奇书，它所描述的很多动物其实也很可能就是口口相传的，未必经过考证，内容并不是很准确。因此《山海经》中记载的动物可能经过了人们无限的夸张，它不是按照一个实物，按照一个凭证，按照一个具体的标本来进行描述的，而是充满了人们的想象，甚至因敬畏之情而故意去夸张地描述。

另外，《山海经》中关于谨的记述还说它是可以吃的。中国人很看重吃，很多古书中的记述都离不开吃，这也表明中国自古以来就注重天人合一，注重天地人的关系，即天文、地理和人的问题，以及这三者之间的关系。

《山海经》本身就是一部充满想象的书，如果带入今天的科学知识再去阅读《山海经》就更有意思了。比如，《山海经·西山经》中还讲到一种叫"天狗"的动物：

"又西三百里，曰阴山。浊浴之水出焉，而南流注于蕃泽，其中多文贝。有兽焉，其状如狸而白首，名曰天狗，其音如榴榴，可以御凶。"

天狗就是一种像野猫、头部是白色的动物，并是御凶的吉兽。在李时珍所著的《本草纲目》中，也有关于天狗的记载，食用可以补中益气。所以很多东西都是触类旁通的，我们可以调动各方面的知识去理解事物。

最后，我想说很多动物也有象征意义。《山海经》中谈及很多动物，其中蕴含的含义是多方面的。书中不仅简单描述了上古时期人们看到的动物，还说明了人们应该怎么利用它。通过阅读古人对这些生物的记述，我们能够更好地认识天地人和，认识人和自然的关系，从而理解与自然相处的哲学。

白虎为什么是白色的？

五

《山海经》中涉及的虎有很多种，而且我们中国人对老虎自古以来就有一种既害怕、恐惧，同时又非常喜欢的双重情结。《山海经》中对虎的记载描述还是非常准确的，这非常难得。我国文字出现"虎"这个字以来，其形象应该是从未变过的。

是什么原因导致白化动物的形成？

《山海经·西山经》中有这样一段：

"又北二百二十里，曰孟山，其阴多铁，其阳多铜，其兽多白狼、白虎，其鸟多白雉、白翟。"

我首先想解释一下"雉"和"翟"这两个字。大家熟知的字，比如大雁的"雁"，神雕侠侣的"雕"，它们右边的"隹"字本身就指代鸟类，而且多指尾巴非常短的鸟。根据《山海经·西山经》中的这段记载，"其鸟多白雉白翟"，我们可以认为"雉"和"翟"是两种或两类不同的鸟。我认为"雉"是尾比较长的鸟，而"翟"是尾比较短的鸟。

此外，这座山名叫"孟山"。"孟"在中国古代是一类器皿物件，它开口较大，下面是圆圆墩墩的形状。那么这样相貌的山会不会是什么火山爆发形成的呢？因为火山往往也有火山口，山体也比较大，很像孟的形状；并且孟山其实是有一定海拔的，与周围的地形地貌是不一样的，这座山可能比较突出。

孟山中有很多珍禽异兽，包括各种老虎、长尾巴鸟和短尾巴鸟。这说明孟山物种多样，生物多样性是很丰富的。但是值得注意的是，这一带的动物全部都是白色的：白狼、白虎和白雉、白翟，这一特征很容易让人联想到我国湖北省的神农架。神农架这一区域中有很多白化动物。当然我相信在上古时代，也许不仅是在神农架，还有一些其他的地方，也会有很多白化动物。

为什么会形成白化动物？这是多方面原因造成的。有一种情况可能就是因为这类动物没有产生黑色素的基因，或者说因为基因突变而不能正常产生特殊的蛋白，如酪氨酸酶。还有一种情况叫"白变"，是指这类动物体内虽然产生黑色素，但是它产生的黑色素并不能够正常地转移到皮肤和毛发上。孟山这个地方的动物，它们的亲缘关系可能很远，不一定有一个共同的祖先，也不一定有相同的基因。而它们之所以多是白化动物，很有可能与环境有关。有可能是当地的一些特殊的矿物质或者当地的水土等外部环境因子导致了基因的突变。文中还记载孟山"其阴多铁，其阳多铜"，这样的金属物质的分布情况可能也是导致这里多白化动物的原因。

"虎"的形象与人们对"虎"的认知

自古以来，我们对老虎的认识和理解几乎是不变的。《山海经》中讲到的老虎，在我们脑海中反映出来的就是今天的老虎形象，不需要太多的想象。虎的体型非常硕大，分布范围非常广。到了今天，虎一共分为9个亚种，其中有3个亚种已经灭绝了。现存的6个亚种分别是东北虎（亦称西伯利亚虎）、华南虎、印支虎、马来虎、苏门答腊虎、孟加拉虎（亦称印度虎）。而已经灭绝的3个亚种是巴厘虎、爪哇虎和里海虎（在我国则称为新疆虎）。

可想而知，在上古时期虎有这么丰富的亚种，分布范围很广，所以它们生存的生态地理环境差异也是很大的，面临的气候也是多种多样的。生活在寒冷地区的虎和生活在热带地区的虎，它们的体型、身体结构以及毛皮的颜色必然有所不同。其形态结构都是有利于适应生存的环境而保存下来，或者说至少对它们的生存没有太大的弊端，这是进化生态学的规律。

上古时期，这些老虎是能够有机会近距离接触到人的，甚至人与老虎之间可能会发生冲突。中国古代对于老虎的记述有很多，比如"苛政猛于虎"。苛政比虎还猛，通过这一比喻就可想而知虎的凶猛是众所周知的。所以古代对虎的描述几乎没有偏差，也很清楚。《山海经》中很多地方都出现了虎，其记述和定位都是比较准确的。历史上，我国曾经是老虎分布范围最广、拥有虎亚种最多的国家，共有5个虎亚种。但是，如今很多老虎都被人们不断地捕杀，其数量极度下降，我们很难在野外观察到虎了。

还有一个很有意思的问题就是，《山海经》中提到的"白虎"是不是"雪虎"？如果是完全白变，那么这种虎是白虎，但是它的条纹仍然是黑色的。如果连条纹都是白色的，即这种虎完全是雪白的颜色，眼睛是红色或者蓝色，那么就说明它体内完全没有产生黑色素，这种虎就称为雪虎。当然，我猜想古人还没有这样的分辨能力。

飞鼠真的会飞吗？

在《山海经·北山经》中有这样的一段记述：

"又东北二百里，曰天池之山，其上无草木，多文石。有兽焉，其状如兔而鼠首，以其背飞，其名曰飞鼠。"

了解动物或者是比较喜欢动物的朋友可能不难想象，《山海经》这段记载中描述的动物应该就是我们今天说的鼯鼠 (Flying Squirrel)。在我看来，《山海经》这段记述是非常具体的，其形容飞鼠特征也是十分典型的，因而通过这些具体的描述和典型的特征，我们很容易能够联想到现实世界中的一些动物，比如鼯鼠。

首先，我们还是先看里面描述的地理位置，即东北二百里有天池之山。我们都知道，现在我国东北长白山一带有很多天池，那么《山海经》中描述的"天池"是否指的是东北的天池呢？我认为未必见得。但是通过《山海经》中对天池自然环境的描述，我们可以推测它应该集中分布在我国南方或者是亚热带、热带地区。

《山海经》中提到的飞鼠，定位比较明确，可以说毫无疑问地确定它就是我们今天所认知的鼯鼠。这类动物具有滑翔能力，好像会飞，但实际上它并不是鸟类。这一点古人是能够分辨出来，并加以归类的。古人认为它属于兽，且状如兔。

鼯鼠其实就是松鼠科的一个大类。啮齿类动物中有一个科叫松鼠科。松鼠科下面又被分成不同的属，我们一般认为有三大类。一类是经典的松鼠。它有一个大大的尾巴，很蓬松，耳朵高高地竖起，耳尖上还有两簇毛，英文叫 Squirrel，或者我们叫 Tree Squirrel。还有一类叫作 Ground Squirrel，也就是地松鼠。大家最熟悉的土拨鼠或者规范的名称应为旱獭，就是地松鼠大家族中的一类。最后一大类就是 Flying Squirrel，也就是鼯鼠或者飞鼠。

《山海经·北山经》中记述的飞鼠很可能就是今天我国北方常见的鼯鼠种类，即沟牙鼯鼠或者是复齿鼯鼠。对于古人而言，他们观察到的飞鼠"以其背飞"，就是说这种动物好像会飞又不会飞。实际上，有一点是可以肯定的，那就是这种动物是会滑翔的，而且这一能力源于它的背部。这基本上与我们现在的科学认知是相匹配的。飞鼠的身体，包括它的四肢、脚踝、爪腕还有身体两侧所形成的皮翼或者翼膜不断地增生，延续到它身体的两侧，并且能够跟它的四肢相连接。在现代动物分类学当中，有一类动物就叫皮翼目，但它不是鼯鼠和飞鼠，而是鼯猴（Flying Lemur），它的皮基本上与飞鼠相似，但是结构是不一样的。

自然界中会飞的动物只有四大类，一类是已经灭绝的翼龙，还有三类就是昆虫、鸟类和哺乳动物中的蝙蝠。所以，鼯鼠或者飞鼠其实不会飞行，只能够滑翔。如果大家感兴趣的话，可以去郊区或者雨林中亲自观察。白天鼯鼠通常会在树洞里生活，到晚上它们会滑来滑去。

『犰狳』竟然是一种动物的叫声

　　本节我想为大家介绍另外一种具有代表性的动物，名叫"犰狳"。我们或许马上可以联想到现代生活中的犰狳，但是《山海经》中所记载的犰狳与我们现在认知的犰狳实际上是两种不同的动物类型。我们不妨先来看一下《山海经·东山经》中的记载：

　　"又南三百八十里，曰馀峨之山，其上多梓、楠，其下多荆、芑。杂余之水出焉，东流注于黄水。有兽焉，其状如菟而鸟喙，鸱目蛇尾，见人则眠，名曰犰狳，其鸣自訓，见则螽、蝗为败。"

犰狳的形态与习性

　　《山海经》中有很多动物其实都是"其鸣自訓"，即这种动物的叫声就是它的名字。在《山海经》中还有不少动物"其鸣自叫"，包括当康、羚羚等，都是以它们自己的叫声来命名的。

中国古代没有今天所说的犰狳。犰狳其实是一类比较原始的哺乳动物,这一类动物可以将身体蜷缩起来,像一个圆滚滚的球。《山海经》中提到的犰狳,与今天生活在美洲的犰狳,本质上并不相同,只不过名字一样而已。换句话说,其实古代与现代有很多动物都存在同名异物的现象。虽然在古代也有叫犰狳的动物,但却不是我们今天所认识的犰狳。经过漫长的历史变迁,很多动物的名称及其指代也发生了变化,所以我们在分析和判断的时候也不能盲目地联想和对应。

至今,我们都很难明确地判断《山海经》中描述的地理环境具体是指哪个区域,对于这个问题,不同学者也持有不同的观点。我个人觉得《山海经》大体上应该还是一部记述我国古代地理与生物的书,且大部分内容描述的是我国中部或者东部地区,即胡焕庸线以东的地区。而且这一区域中很多物种也与《山海经》中所记述的物种相匹配。

具体再来看犰狳这种动物的形态,《山海经》中描述它状如菟。这个"菟"在古代指一种藤蔓类的植物。它的茎又细又长,通常缠在其他树上面。古人也很早就将它入药。不过在古代,这个字也通野兔的"兔"。因此,我认为实际上"状如菟"还是说犰狳的形态或者体型大小是像兔子的。此外,这种动物长着"鸟喙",也就是又细又长的嘴。那么将以上特征结合起来,与今天现实当中的动物进行对应的话,我们很容易联想到生活在我国东部的穿山甲。而"鸱目蛇尾"的"鸱"指的是猫头鹰,也就是说犰狳的眼睛像猫头鹰的眼睛一样大,十分有神。只不过白天它可能瞪着也看不见什么物体,对色彩也没有什么太大的识别度,这也是符合穿山甲的特点的。"蛇尾"就更好理解了,穿山甲的尾部也是比较细长的。所以我认为《山海经》这段中所描述的犰狳其实就是我们今天所说的穿山甲。

此外,这里还提到犰狳"见人则眠"。为什么说它见人则眠呢?实际上,我们如果要抓穿山甲的话,它就会蜷缩起来,一动不动,用自己坚硬的鳞片来保护自己,就像睡着了一样。而"其鸣自叫"的话,就是说犰狳的叫声是它名字的来源。但是，上古时期"犰狳"的发音，我们也不得而知。

还有一点很重要，就是从《山海经》这段较为详细的描述中，我们可以得知犰狳是能够让人们去仔细辨识的。对于犰狳的描述，无论是体型、样貌、叫声还有习性特征，都十分准确，所以可以推测古人应该是近距离观察过犰狳的。而从这些描述中，我们就能够判断犰狳与今天所说的穿山甲应该是同一种动物。

而且，《山海经》这段话中还提到它"见则螽、蝗为败"。说明古人可能还看到过犰狳，即穿山甲去吃螽、蝗这类昆虫，或者是以类似的昆虫为食。

所以，《山海经·东山经》中关于犰狳的这部分记述，我认为是比较到位和准确的。这段记述既说明了其分类，又描述了其形态特征，还提到了它的习性以及叫声，最后还讲到它的食性。《山海经》各个部分所记述的每一种动物或者每一类动物，其行文都有一个基本的范式，还是比较系统和规范的。

以动物自身的叫声来为其命名

《山海经》中很多动物的命名来自它的叫声。"轮轮"就是其中一种，《山海经》中是这样描述的：

"东次二经之首，曰空桑之山，北临食水，东望沮吴，南望沙陵，西望湣泽。有兽焉，其状如牛而虎文，其音如钦，其名曰轮轮，其鸣自叫，见则天下大水。"

这是一种身上长着像老虎的条纹，形态像牛一样的动物。实际上，这种动物身上的斑纹，可能是因为它泡在水里的时候，水面波光粼粼，加上光线的反射、折射，才呈现出来的。"其音如钦，其名曰轮轮，其鸣自叫"，说明它的叫声听起来可能是"钦"或者是"轮轮"。当然有时候，我们很难判断它的声音究竟是如何发音。有些文字的读音会随着时代的不同、地域的差异而变化。

　　古人对动物的观察和了解是比较具象化的，这与我们今天的博物学观察方法是很相似的。因此，从这方面而言，《山海经》的宝贵价值更能够体现出来。我认为它的文本价值不止在于它是一本地理学著作，它还是一本非常好的动物志、植物志。所以《山海经》这本旷世奇书是非常值得大家阅读了解的，希望读者可以利用其中丰富的内容，结合现有的知识，进一步理解自然，理解天地人的关系。

　　这　就　是　山　海　经

《南山经》中的象、犀和兕

八

之前讲到了《山海经》中西山、北山和东山的一些代表性的动物。接下来将为大家介绍《山海经·南山经》中记述的一些比较有趣的动物。

《山海经》中记述的"南山"应该就是指我国的南部地区。我想首先与大家介绍犀牛这类动物。关于犀牛的记述在《山海经·南山经》中有很多，我在这里为大家着重分析其中一处："东五百里，曰祷过之山，其上多金玉，其下多犀、兕，多象。"如果仔细分析这段话，我们会发现祷过之山的上面有很多金石和玉这类金属矿物岩石，而在山的下面才有很多犀牛、兕和象这些体型较大的哺乳动物。所以，这段话已经将动物们的生存栖息环境交代得很清楚了。实际上，今天很多犀牛和大象都是生活在周围有山的平原地区，这一点《山海经》中的记述还是比较准确的。

人象共存的自然

在讲犀牛之前，我想先为大家简单介绍一下其中提到的另外两种动物，"兕"和"象"。我国古代是一个多大象的国家。今天现存的大象只有三种：亚洲象、非洲草原象和非洲森林象，非洲森林象则是在 2010 年的时候才确定的独立的新物种。然而，科学家经过考证发现远古时期有 180 多种大象，而今天早已灭绝，留下很多化石。早在 7000 多年前，我国今天的河北张家口一带以及北京的西北部地区都是有亚洲象存在的；安阳殷墟出土陪葬品当中，也有完整的大象骨骼，这大约可以追溯到 4000 到 5000 年前。

在三星堆中，考古学家也发现了大量的象牙。可想而知，上古时期甚至更远的时期，大象的分布是非常广泛的。《山海经》这段话虽然出自《南山经》，但是古代大象绝对不只生活在我国南方。在唐宋时期，平均气温比现在还要高。那段时期，长江流域仍然有大象分布，而到了明清，我国广东、广西、福建南部这些地方也是有亚洲象存在的。4000 到 5000 年前，我国河南一带肯定也是有大象分布的，因为河南的简称就是"豫"，即"我"（予）牵着大象，也有解释为"豫"指的是体型非常大的大象。

大象和犀牛都爱以禾本科植物，也就是我们今天常说的水稻、小麦、高粱和玉米这些植物为食。而我国自古以来就是农耕文明社会，这自然而然就会引起人象之间的冲突。所以在这种情况下，人们就会捕杀大象，并且想尽办法利用象身上的东西，比如象牙，获取更多财富。这些行为必然会导致象的种群数量减少。而且在古代，人口密度大的区域往往也是大象、犀牛最重要的栖息地。由于人类对于这些区域不断地开发使用，这些栖息地很快就不复存在了。大象就不断退缩到人烟稀少的地方去了，即所谓的蛮夷之地，比如我国云南省。

"犀"与"兕"是同一种动物吗?

20世纪20年代的时候,我国还有爪哇犀和苏门答腊犀。也有一种观点认为,中国古代还有其他种类的犀牛,不一定是我们今天所说的爪哇犀和苏门答腊犀。不过我个人不太认同这一说法。因为犀牛的演化过程是十分漫长的,加之也没有确凿的证据证明我国有其他种类的犀牛。所以我个人还是倾向于我国古代的犀牛就是今天的印度犀,也叫大独角犀,还有爪哇犀,也就是小独角犀,以及苏门答腊犀,也叫亚洲双角犀。

那么《山海经》中古人记载的犀是哪一种呢?我认为可能是指苏门答腊犀。这个命名是后来西方科学家赋予的,中国古代的时候,人们很早就给这类动物起名叫犀或者兕。

兕到底指什么动物?有人说兕就是犀牛。其实不然,兕应该指的是独角犀。我们可以通过字形来判断。它上半部分是一个"凹"字,说明它的头或者角的位置是凹陷的,这是独角犀的特征。"犀"和"兕"这两个字就可以得知,古人对双角犀和独角犀的分辨归类是很清楚的。独角犀个头很矮,犀角也不长,头部整体看上去是凹进去的。所以"兕"这个字指的应该就是我们今天说的独角犀。我们在阅读《山海经》的时候,尤其是涉及很多生僻字、古字的时候,可以辅助去阅读一些训诂方面的书籍,这可以帮助我们更好地理解《山海经》中的内容。

《山海经》中是这样记述兕的:"兕在舜葬东,湘水南。其状如牛,苍黑,一角。"这里讲得很清楚,兕形态像牛,颜色是青黑色的,且只有一角。所以我认为兕应该是独角犀。

我们今天能够看到犀牛的地方不多,尤其是生活在自然之中的犀牛。希望大家不要购买犀牛角的制品,保护濒危动物,以此来守护我们共同的生态环境。

《山海经》中的『熊』『罴』是现在所说的哪种熊？

《山海经》中记述了很多种哺乳动物，之前已经和大家介绍过麋、讙、犀牛等。现在我们来介绍另外一类哺乳动物——熊。

在《山海经·西山经》当中有这样的记载：

"又西三百二十里，曰嶓冢之山，汉水出焉，而东南流注于沔；嚣水出焉，北流注于汤水。其上多桃枝、钩端，兽多犀、兕、熊、罴，鸟多白翰、赤鷩。有草焉，其叶如蕙，其本如桔梗，黑华而不实，名曰蓇蓉，食之使人无子。"

一般认为"嶓冢之山"就是陕西勉县一带。这座山的异兽主要有犀、兕、熊和罴。

如果我们了解中国古代著书中的记述，就不难看出描述一个地方富饶丰硕，具有丰富的生物多样性，经常会说这个地方有猫有虎、有熊有罴。古书中说到的熊一般就是我们常说的黑熊，比黑熊体型更大的就是棕熊。

所以，如果"西山"指的就是今天的陕西

或者甘肃南部一带，也就是广义上的秦岭区域，那么这一带曾经生物多样性极为丰富，有犀牛、棕熊、黑熊，还有"白翰""赤鷩"等鸟类，也就是我们今天说的白腹锦鸡和红腹锦鸡。古人对熊和罴还是有一个分辨的认识的，即熊的体型相对比较小，而罴的体型就比较大。现在自然界中一共有8种熊科动物，最原始的是大家最熟悉的大熊猫，除此以外，我国还有4种熊，分别是亚洲黑熊、棕熊、在云南热带雨林中生活的马来熊、在藏南地区生活的懒熊。另外三种是生活在北极圈的北极熊，生活在北美洲的美洲黑熊，以及南美洲的眼镜熊。

从"罴"这个字的字形，我们就能多少感觉到它所指代的动物的体型一定不小。古代的"罴"还有另外一种写法，就是熊的上面再加一个四字头，最下面是四点底。说明它实际上应该比熊的个头还要大、还要威猛。因此，我个人认为罴指的是体型更大的熊，即棕熊，而熊则是我们现在所说的亚洲黑熊。

那么《西山经》这段记述中还提到了在陕西一带还有犀和兕，今天我们在陕西已经见不到这些物种了，进一步证实上古时期的气候要比今天还要暖和。但是今天陕西一带仍然有"白翰""赤鷩"等鸟类。陕西省有一座城市就叫作宝鸡，指的就是红腹锦鸡，也叫金鸡。而白翰的话，在《山海经》中有不同的记述，可能不一定指白腹锦鸡了，也有可能指白鹇。我国古代文官五品就是穿着白鹇补服。

时间的馈赠——古今对于动物的认知

　　之前的几节为大家介绍了《山海经》中的几种具有代表性的动物，勾勒出《山海经》所描绘的生物分布情况的大致面貌。整部《山海经》中共记述了300多种动物，其中兽类就有170多种。

　　在最后一节，我想聊聊古今对于动物的认知与分类体系差异这个看似很庞大的问题。阅读《山海经》，我们不得不惊叹于这本上古时期的书居然如此明确地记载了那么广袤的地理环境，精准记述了那么多种野生动物。它不仅是一本记述中国古代地理地貌的书籍，更是一本内容丰富的中国古代生物学简志。作为一名从事动物学研究的工作者，在我眼中《山海经》用质朴的方法和奇幻的语言，为我们介绍和还原了当时古人能看到的代表性物种，概括描绘出当时的生物多样性的面貌。

　　我国目前大概有700多种兽类，而古人无论是亲眼所见，还是有所耳闻，能够将最为常见的动物记录下来，已经是了不起的壮举了。所以我觉得《山海经》这本书承载了十分厚重丰富的内容，既有古人明确观察到的生态环境，也有加入了想象之后描绘出来的自然世界。整体而言，上古时期人们对动物的认知主要还是出于一种利用的目的。

远古的文明大多都诞生于河流及其流域。比如我国的黄河和长江，还有埃及的尼罗河、印度的恒河、印度河等，这说明人类文明的诞生一定要依赖自然的环境。在一个适于生存、生活的环境下，我们会进一步了解身边与人类共存的动物、植物，以及山川矿物，会去观察天象地理，构想自然生成与人类起源的神话传说。

不得不承认，古人对世界的认知是比较简单朴素的，但是他们将自己已然掌握到的知识尽可能地记述下来，流传至今，为我们提供了一个研究的范本。

人类知识是由少到多不断积累的，经过漫长的时间，才形成今天庞大的知识体系。《山海经》的价值恰恰在于它作为上古时期著成的书籍，是中华文明起源的象征与代表。而这本上古奇书留存传承至今，也从侧面说明了我国文明与文化在历史长河中不曾间断地积累至今，形成深厚的底蕴，才会有今天生生不息的活力。

古人对天地人和的认知，都渗透在日常的生活行为中。这种原始的观察首先是为后代提供提示与告诫，是出于基本生存的需要。比如什么植物可以食用，什么植物具有毒性，《山海经》中光怪陆离的动物之所以会有如此夸张的描述，可能也是为了告诉后人远离这些危险。这和今天我们科学的分类体系肯定是不一样的。我们是一种基于科学的博物学探究，对生物认识的方式与古人虽然在一些方法上是相互贯通的，但很多理论方式依然是截然不同的。

《山海经》对于地理地貌和自然生态的记述往往是一个宏观的整体，勾勒出的是环境的概貌。古人将所有了解到的知识最终汇集成了《山海经》，本身就是不可思议的。这本上古奇书诠释出中国古代山川自然的全貌，比较系统地掌握各区域的自然环境及其生物多样性，而里面还包括很多丰富的、准确的细节，比如动物的形态、叫声、习性等。

《山海经》这本旷世奇书描述的可能真的是一个我们未曾见到也无法见到的世界。而它的价值也正在于为我们了解、探究上古时期自然环境与生物多样性提供了一把宝贵的钥匙。其中记述的珍禽异兽、山川河流绝不是古人凭空杜撰、空穴来风的。一些物种在今天是能够找到对应的原型的。自然界的绝大多数的动物都会经历几百万、几千万甚至上亿年的演化，因而《山海经》中所记载的这些动物还是具有一定的可借鉴性的。

我们现在有丰富的博物学知识，有科学的技术和分类体系，这些都是经过漫长历史的打磨才得以形成的。今天，我们似乎已经无法完全理解古人那种朴素的博物学话语，也不可能用当时的眼光和视角去看待天地山川万物。古籍中一些难得的史料是非常值得我们进一步阅读和了解的，它能帮助我们还原、触摸和感知历史的变化和脉络，从而更好地帮助我们预知和面对未来的不确定与挑战。更为重要的是，我们还需要站在更为整体的层面上，理解人与自然的关系，明白人与自然的相处之道。

希望大家有机会好好品读《山海经》，了解中国古代的文明与文化，认识上古时期的自然万物，进而再去掌握更多的现代科学知识和科学话语体系，加深我们对自然生态的认知，以博学的知识和博爱的情怀，爱护自然环境和生态万物。

自古以来，人们就意识到在我们生活的世界中，不仅有我们自己，还有更为宽广的天和地。从古至今，我们总强调天人合一，这是一种亘古不变的智慧。我们要了解人与自然的关系。读万卷书，行万里路。如果我们去过《山海经》中提到的所有地方，那么我们的人生就真的可以说是很完美了。希望读者有机会去亲近自然，保护野生动物，爱护我们的地球环境！

草木篇

李仕琼

揭秘草木背后的秘密

招摇之桂与
迷人合欢

在我国众多的古代宝籍中，《山海经》可谓是一种另类的存在，人们对它的态度基本上呈现出两个极端：要么特别喜欢，推崇备至；要么就是完全不信，甚至嗤之以鼻。

汉代著名经学家、光禄大夫刘歆（后改名为刘秀），主持校勘了《山海经》，他在给皇帝的《上〈山海经〉表》中，对《山海经》大加赞赏，称之为"古文之著明者也"，并在表文最末注有"臣秀昧死谨上"六个字，可见刘秀对《山海经》的坚信不疑与无比推崇。

将《山海经》视为神怪之作的人也不在少数，而且很多都是经学和史学大家。汉代著名的司马迁编纂《史记》时就明确表示："至《禹本纪》《山海经》所有怪物，余不敢言之也。"汉代王充的《论衡·读天篇》，四次提到《山经》或《海经》，他认为"案禹之《山经》，虚妄之言也"，甚至直接说"未可信也"。南宋朱熹怀疑《山海经》是"好事者"，即一群没事干的人，依据屈原《天问》的内容而创作的，他的原话是"而好事者，遂假托撰造以实之"。明代的胡应麟称《山海经》为"志怪之祖"。清初纪晓岚在主持编撰《四库全书》时，认为《山海经》"百无一真"，把《山海经》从史部"地理类"转到子部"小说类"，定《山海经》为"小说之最古者"，极大地降低了《山海经》在知识体系中的地位。就这样，在历史变迁中，《山海经》的地位每况愈下，最终沦为"语怪之祖"，成了人们津津乐道的小说、神话。

邂逅《山海经》

我的本科、研究生都就读于武汉大学的生物系，学的是遗传学和植物细胞学，每天看显微镜，研究细胞和 DNA 这种生命最本质的结构。研究生毕业后，我被分配到南京林业大学当老师。可以说，我是个典型的理科生，也是个彻底的唯物主义者，没想到后来竟然会与《山海经》这本奇书结缘。

邂逅《山海经》纯属偶然，我正是被它的"怪诞"深深吸引住了。

我还记得 2000 年夏天的一个下午，深圳的夏天热浪滚滚，我躲进深南路边一个有空调的书店里转悠，忽然瞄到了一本名叫《山海经》的书。这本书的封面图画实在是太奇怪了：鱼长着像蝙蝠一样的翅膀，鸟有三个脑袋，还有人面马身的怪物。今天这种怪异图画已经成为《山海经》插图的经典标配，人们可能都已经见怪不怪了，但是 20 年前的我，之前从未接触过《山海经》，我当时的感觉是不可思议。

生物学是一门严谨的实验科学，无论是从解剖学的同源器官角度还是进化论的逻辑推论出发，我都很难相信世界上竟然有或者曾经有过这么些怪异的生物。我好奇地翻了起来，却发现书中记载的内容似乎没那么怪异神奇，特别是其中的动物、植物，很多我都很熟悉，也很亲切，书中刻画的特点突出，形象生动，并不像人们所注解与渲染的那样奇怪与可怕。

"招摇之桂"

比如说全书第一座山，也就是《南次一经》的首山招摇之山，其中的植物我很容易辨认出来。

《山海经》中是这样记载的：

"南山经之首曰䧿山。其首曰招摇之山，临于西海之上，多桂，多金、玉。有草焉，其状如韭而青华，其名曰祝馀，食之不饥。有木焉，其状如榖（gǔ）而黑理，其华四照，其名曰迷榖，佩之不迷。"

这一段共涉及五种植物：桂、祝馀、韭、榖、迷榖。

我们先来看一下第一种植物：桂。

桂，就是桂花。桂花正名木樨，分类学上属木樨科、木樨属植物，是常绿乔木或灌木，树形相对比较高大。花有很多种颜色，有黄色、黄白色、深黄色等，按照花色又可以分为丹桂、金桂、银桂等品种。桂花的花很小，看上去其貌不扬，但花的香味特别浓，沁人肺腑，故常作为观赏植物。桂花可以吃，入药有温肺化饮、散寒止痛的功效。我国古今文人对桂花比较推崇，文学作品、诗歌中常常有吟桂之作，唐朝著名诗人李白有一句"安知南山桂，绿叶垂芳根"，吟诵的就是桂花高洁脱俗和刚劲顽强的品格。

《山海经》记载的招摇之山的桂，在历史上可是赫赫有名的，史称"招摇之桂"。《吕氏春秋·本味篇》尽列天下美味妙物，其中就有招摇之桂："和之美者，阳补之姜，招摇之桂，越骆之菌……"说的正是招摇山的桂花是调味的极品之一。

盛产桂花的招摇之山，在哪里？

但问题在于，盛产桂花的招摇之山，又在哪里呢？

这里有一个参考坐标：桂。我们知道，"桂"是广西壮族自治区的简称。桂林市古称八桂，广西特别是桂林的桂花是非常有名的。一些研究者认为，《南次一经》首山招摇之山，就在桂林一带。四川省社会科学院历史研究所在 1983 年召开的"中国《山海经》学术讨论会"上，发表了《试论招摇山的地理位置》的文章，认为《山海经》第一山招摇山是广西兴安县的猫儿山。我自己参照《南次一经》上下文及整体线路，推测招摇之山应该是位于广西桂林兴安县一带的越城岭。广西、广东与湖南之间横亘着一个巨大的山脉，称为南岭，也称五岭，越城岭是南岭由西向东的第一座山岭，猫儿山是越城岭的最高峰。

我们知道，古代刻写、印刷不像今天这么方便，可以说很麻烦，所以写书都很简练，惜字如金。如果不是特色之物或当地名产，或按照今天的说法是地理标志性产物，是不会被收入《山海经》或者地方志的。广西的"招摇之桂"能进入《山海经》《吕氏春秋》，可谓实至名归。

祝馀就是山韭菜

第二种植物祝馀，正是山韭菜。这个也很容易辨识。

经文虽然只有 19 个字：

"有草焉，其状如韭而青华，其名曰祝馀，食之不饥。"

但已经把这种植物外貌的典型特征都点出来了：这是一种草本植物，长得像韭菜，而且开青色的花，可以食用。这种植物显然就是山韭菜，也称野韭菜。

山韭，古代称为藿（yù）。《尔雅·释草》中记载："藿，山韭。"《尔雅》的"藿"和《山海经》记载的"馀"（yú）发声相同，应该是同音替代关系。

山韭菜和韭菜是亲戚关系，基因很接近，同科同属，都是百合科、葱属植物。山韭菜和普通韭菜相比，它的叶子比较厚、比较宽，花的颜色也比较多，也可以食用。山韭菜有很多种，其中一种叫多星韭的，花有红色、紫红色、紫色、黑紫色等多种颜色，和经文所说"青华"（古代"华"字通"花"字）就是青紫色花的说法相合。山韭菜主要产于四川（西南部）、西藏（东南部）、云南、贵州、广西北部（猫儿山）和湖南南部（莽山）等地。靠近越城岭的都庞岭，也就是南岭由西到东的第二座山岭，主峰就叫韭菜岭。每年九月，山坡上就长满了一尺多高的野韭菜，紫色球花争相绽放，随风摇曳，很是迷人。

借助《山海经》的描写，我们确认"祝馀"就是"蕃"，也就是今天所说的山韭菜。如果没有《山海经》的记载和相关性状描写，我们今天仅凭一个名字就很难辨认祝馀到底是一种什么植物。这也正是《山海经》的宝贵之处。

迷榖是合欢

至于名叫迷榖的植物，我把它释为合欢。

关于迷榖，经文用了23个字来描述它的外貌形状：

"有木焉，其状如榖而黑理，其华四照，其名曰迷榖，佩之不迷。"

这一段描述中，最传神的地方就是"其华四照"，也是最容易让人误解的地方。"其华四照"的意思是花像小灯一样会发光。人们可能会有疑问：世界上真的有这种会像小灯一样发光的花吗？这要看你如何理解了。如果是抱着对《山海经》志怪的偏见来阅读，就会认为是在讲神话。但是，你如果看到过合欢盛开的花朵，就一定会为古人记录的传神之笔拍案叫绝。

合欢，为豆科、合欢属植物，又名绒花树、合昏、夜合树、扁担树等，是一种落叶乔木，高可达16米。合欢的花很特别：花丝细细长长，像针一样，长有一寸半左右，很多个花丝基部合生在一起，整个花朵看起来像个小圆锥，侧看像一把小扇子，毛茸茸的。最绝的是它的花丝的颜色，从根部向外依次由白色向粉红色逐渐过渡，远远望去，树枝上一朵朵的合欢花像极了一盏盏在发光的小灯，"其华四照"四个字是多么传神，四个字就把合欢花的特点形象地呈现出来。

合欢也是一种药用植物，入药又称合昏、夜合、萌葛等，主安五脏和心志，有解忧、安神、活血消肿功效，与经文所说的"佩之不迷"的功效相符。我确信迷毂就是合欢，正是由于它入药时的名称"萌葛"。"萌葛"的发音与"迷毂"发音有些相近，特别是用古音读起来更为接近。很多研究者把经文中的"其状如毂"的"毂"释为构树，于是就把迷毂推论为与构树同属的楮树，其实不然。合欢为豆科植物，豆科植物有一个典型的特征：叶对生，就是小叶子是一对一对地长在枝干上。而楮树或构树，无论是树型还是叶型，都与豆科植物有很明显的差异。因此，与合欢相像的"毂"不太可能是楮树或者构树，而应该是与合欢同为豆科的槐树。

从生物学角度看《山海经》

基于自己的生物学背景以及对《山海经》中记载的动植物的认同，我从2013年开始，着手系统地解读《山海经》中的动植物，并于2020年出版了《〈山海经〉动植物初证》一书，专门针对《山海经》中的动植物进行解读，希望对整体还原《山海经》的真相做一份努力和贡献。

我非常推崇清代著名学者、《山海经》研究大家毕沅的一句名言："《山海经》未尝言怪，而释者怪焉。"意思是说《山海经》并没有在讲怪物，是读者或者说解读者自己少见多怪罢了。对此，我确实感同身受。我自己有一定的生物学知识背景，所以我看《山海经》中的动植物不觉得奇怪，甚至能从中感受到古人寥寥几字就将动植物的典型特征刻画出来的精彩和传神。

一个人的知识是有局限的。《山海经》是我国最古老的国家地理志，涉猎山川地理、动植物、矿物、祭礼、历史文化等多个方面。我希望更多有兴趣的朋友，特别是来自不同领域的专家学者，都来阅读与研究《山海经》，以客观的态度、科学的精神、专业的知识，共同推进《山海经》这本我国最古老的国家地理志的解密，进而推动中华民族远古历史文明细节与真相的复原。

历史悠远的古老食材

客观来说，《山海经》之所以饱受诟病，是因为《山海经》本身有一些硬伤。比如《山经》中言之凿凿的山川地名，今天人们大多数都找不到在什么地方。再比如，《海经》中的方国与人物，怪异莫名，让人不敢相信。相对而言，《山海经》中记载的植物最为朴实，较少怪异之辞。

《山海经》中记载了多少种植物？

作为国家地理志，动植物是《山海经》勘察的重点。《山海经》整体上可分《山经》和《海经》两大部分。从文字总量来看，《山经》中关于动植物的描述文字有8000多字，按照《山经》文末所说，《山经》"大凡一万五千五百三字"，占比为52%，超过了一半。按郝懿行认为的"今本二万一千二百六十五字"，则占比为38%。也就是说，《山经》中关于动植物记载的文字量，至少占了总文字三分之一，《山海经》无疑是研究我国古代动植物的重要参考文献。

我统计了一下，《山经》中记录的植物有 154 种。我们知道，世界上现有 30 多万种植物，我们中国有 3 万多种植物。《山海经》中只记载了 100 多种植物，也不算多。当然，作为地理志，能入选《山海经》的植物，并不是随意挑选的，一定是有价值的。

入选《山海经》的植物，最多的是可食用的植物，包括粮食、蔬菜和水果，毕竟民以食为天。还有很多是与生活、生产息息相关的植物，可以用作生活用具或其他生活用途的。再有就是保障人民健康的重要药用植物，也有一些可以用作毒物的植物，以及其他用途的一些植物等。

今天我们最常食用的一些粮食、蔬菜和水果以及药用植物，早在 4000 年前的《山海经》中就有了记载。

《山海经》中记载的粮食有：稻、馀米（糯米）、稷（小米）等，还有可制糖的甘蔗（暂且把它归到粮食中）。

《山海经》中记载的蔬菜有：韭菜、葱、薤（藠头）、冬葵、秦椒、苏（紫苏）、薯蓣（山药）、赤小豆、鳖豆、香椿等。

《山海经》中还记录了很多水果：枣、桃、李、杏、梅、橘、枳、柚、木瓜（不是番木瓜）、山楂、羊桃等。

《山海经》中记载的药用植物也有很多：合欢、川芎、扁核木、桔梗、杜衡、藁本、乌头、紫草、芍药、决明子、麦冬、枸杞、蒿、蓣蓣（yù）、细辛等。

《山海经》中还记载了很多与生活及生产息息相关的植物，包括常见的可用作木材的植物有很多，当然，也不只是做木材了，也有其他很多用途。甚至是用来烧火，如梓、楠、栗、松、青檀、楮、樟、柏、栎、柘、青冈、臭椿、柞木、枸、杨、榛、楝、榆等，还有麻、竹、荆、白茅草、棕榈、桑、漆、桐等，还记录了兰花等草本植物。

《山海经》记录的植物的两个特点

纵观《山海经》中记录的这些植物，我们发现了两个特点。

一是大多数植物名称都没有变。稻、稷（小米），还有枣、桃、李、杏、梅、橘这些水果，还有很多用作木材的树木以及药用植物，都是我们生活中常见的、熟悉的，它们的名字都没有变化，让我们感觉到很亲切，《山海经》的真实性也跃然纸上。

二是经文中多数植物都只记载了一个名字，并未做过多详细的介绍。这可能是因为作者认为，既然它们都是大家熟悉的东西，就不用多讲了。就像稻米，即使在今天，我们提到它也不会多加解释，因为一般人都知道它。再说，古代刻字著书并不方便，惜字如金，所以只会对一些大家不太了解的东西加以说明与解释，这从另一个方面说明《山海经》非常注重实用性。

秦椒：《山海经》有记载，并不是从国外引种的植物

从《山海经》中的记载中，我发现有些植物可能起源于我们自己的国家，而不是从国外引种的。

比如，《北次三经》的第十山景山中记载了一种叫秦椒的植物。经文是这样的："又南三百里，曰景山……其草多秦椒。"这种名"秦椒"的植物，郭璞注秦椒"子似椒而细叶，草也"，看上去就是今天的辣椒，是一种很常见的蔬菜。

辣椒也称秦椒，又称辣子、辣角等，为茄科、辣椒属，一年生或有限多年生草本植物。叶细长，果实就是我们常吃的辣椒。

古代植物的分类很简单，植物就分为"木""草"两种。"木"，相当于我们现在所说的木本植物，一般有树干，多年生。桃树、李树、枣树、松树、柏树等这些相对高大一些的植物就属于木本植物。"草"，相当于今天

所说的草本植物，草茎，一般一年生，在一年内就完成了发芽、生长、开花、结果、凋亡的过程，所谓"离离原上草，一岁一枯荣"。水稻、麦子、韭菜等这些农作物和路边的野草，都是草本植物。

然而，现代分类学多认为，辣椒原产于拉丁美洲，明末才传入中国。这就令人奇怪了，如果辣椒是明末才传入我国，那比明朝早1000多年的东晋的郭璞怎么会看到这种细叶的辣椒？

现在有一种植物也被称为秦椒，它就是花椒的一个品种，一种产于天水一带的花椒。花椒为芸香科，花椒属植物，是一种乔木，果实很特别，上面散生微凸起的油点，含有柠檬烯、枯醇、牛儿醇等挥发油。花椒用于调味，也用作中药，有温中行气、逐寒、止痛、杀虫等功效，还可作表皮麻醉剂。它有野生也有栽培。

我曾经相信秦椒在明末才传入我国，故将《山海经》中记载的秦椒解析为天水花椒。但郭璞的"子似椒而细叶，草也"的注释让我无法释怀，且与《山海经》中记载"其草多秦椒"之言相互印证，故我倾向于认为郭璞真的看到过辣椒，《山海经》里记载的秦椒就是辣椒。花椒是落叶小乔木，属木本植物，而秦椒属于"草"，两者差异明显，古人不太可能会弄混淆。

其实，《山海经》中还有几种植物，比如柠檬、羊桃等，现代分类学认为它们是舶来品，但在《山海经》中有明明确确的记载。因此，研究《山海经》中的植物及分布，对于我们研究我国植物的起源与传播可能会提供新的启发与证据。

《山海经》记载动植物的专业程度

我们可能也会想，《山海经》中记录了这么多动植物，专业水平怎么样呢？虽然古今科技水平差异甚大，但做事的专业精神一如既往。

传说中，大禹主持了《山海经》这样的全国大型的地理勘察工程，选派

这 就 是 山 海 经

了专业的人员负责动植物的鉴别与分类工作，强调的也是专业的精神。刘秀在《上〈山海经〉表》中是这样写的：

"《山海经》者，出于唐虞之际……禹乘四载，随山刊木，定高山大川。益与伯翳主驱禽兽，命山川，类草木，别水土。四岳佐之，以周四方。逮人迹所希至，及舟舆之所罕到。内别五方之山，外分八方之海，纪其珍宝奇物，异方之所生，水土草木禽兽昆虫麟凤之所止，祯祥之所隐，及四海之外，绝域之国，殊类之人。禹别九州，任土作贡；而益等类物善恶，著《山海经》。"

从这段话中看出，当时有两位重要的人物：益与伯翳（有人认为是同一个人），辅佐帝禹进行《山海经》的勘察大任，负责草木鸟兽的鉴别分类工作。其中名"益"的是位高级官员，在《尚书·舜典》里也有记载："帝（就是帝舜）曰：畴若予上下草木鸟兽？（谁能帮我管理草木鸟兽的工作）佥曰：益哉！（一位名叫佥的大臣推荐益担任这个工作）帝曰：俞，咨！益，汝作朕虞。"如此看来，这位益是帝舜时代负责管理草木鸟兽的专家型官员，职务相当于现在的农业部部长。正是在益等专业团队的协助下，大禹终于完成了全国地理勘察任务，著成《山海经》。故《山经》最后有这么一段文字：

"禹曰：天下名山，经五千三百七十山，六万四千五十六里，居地也。言其五臧，盖其余小山甚众，不足记云……封于太山，禅于梁父，七十二家，得失之数，皆在此内，是谓国用。"

我的脑海中经常会出现这样一个画面：4000多年前，伟大的禹带领益与伯翳等一队又一队的考察队伍，在全国南、西、北、东负责人即"四岳"的协助下，有计划、有重点地勘察全国各地，命名高山大川，鉴别草木禽兽昆虫麟凤，"类物善恶"。传说中大禹前后花了13年时间，长年奔波在外，三过家门而不入，腿上的毛都磨光了。正是大禹及益与伯翳等多位中华民族先祖的艰辛与倾力付出，才有了《山海经》这部"是谓国用"的古代地理志宏著，它穿越数千年留传至今，依然光辉灿烂。

今天，我们播种粮食作物，种植瓜果蔬菜，栽种花草树木，养殖牲口家畜，居所固定，食物充裕，安康幸福。然而，今天所有栽培的农作物以及家养的牲畜，本来并不是如此，是我们的祖先在成千上万年的生活生产实践中，从大自然的野生植物与动物种类中，通过选种、培育、驯化而逐步获得的，是历代劳动人民勤劳与智慧的结晶与传承。培育的历史可能比《山海经》更加古老，更加久远。有幸的是，《山海经》保留了一幅古老的传承过程中的珍贵特写画面。

三

《山海经》时代的人民遭遇了哪些瘟疫？

瘟疫，是指一些影响规模比较大的急性传染病，是由一些强烈的致病性细菌或病毒等引起的。它的特点是发病快，病情险恶，传染性很强，容易引发地区大流行，死亡率很高。

人类历史上曾经遭遇过无数次瘟疫大流行，特别是鼠疫、天花、流感、霍乱、疟疾等，成为危害人类健康的可怕杀手，造成无数人的死亡，并且在世界历史和各族人民的记忆中烙下了深深的印痕。

《山海经》时代的人民也同样遭受瘟疫的侵害。所以，我们在《山海经》中也看到不少关于瘟疫的记录。难能可贵的是，《山海经》时代就已经观察到瘟疫与某些致病源之间有关联，可算作世界上最早的流行病防治鼻祖。

《中次十一经》乐马之山记载了一种名叫㺄（lì）的动物，说如果看到它出现了，国家就会发生大瘟疫。经文是这样记载的："有兽焉，其状如彙（huì），赤如丹火，其名曰㺀，见则其国大疫。"彙，就是刺猬。这种长得像刺猬的动物，其实正是丽松鼠。丽松鼠正名赤腹松鼠，是松鼠科、丽松鼠属动物的一种。这种松鼠的腹面毛色因地区不同呈现为栗红或橙黄色，经文所说的"赤如丹火"指的正是它的这个特征。

现在我们称它为丽松鼠，还用了美丽的"丽"这个字来称呼它，而古代用的是"㺀"字，反犬旁带一个暴戾的"戾"，暗示这种动物不仅不美丽，而且还很危险。经文说，这种动物出现，国家会有大疫，是不是真的呢？当然是真的！这不是神话，也不是臆想。现代科学研究已经证明，赤腹松鼠也是鼠疫病原的自然携带者。鼠疫是一种传播迅速、死亡率极高的大疫之症，全世界历史上流行过很多次鼠疫，造成无数人死亡，可以说是一种令人闻之色变的大瘟疫。

显然，《山海经》时代人们已经发现赤腹松鼠和大瘟疫之间有关联，可能并不知道具体是什么原因，但这感觉是正确的。我有时看到有些爬山的朋友，在山上喜欢逗松鼠玩。我前几年登黄山，也见到有不少小松鼠，十分可爱。但是我要提醒大家，松鼠这种动物身体上很可能携带着鼠疫病原菌，大家还是远离一点，小心为好。

《山海经》中记载能引发传染病的动物

《山海经》中还记录了一些能引发传染病的动物，我们也来了解一下。

《东次二经》碙山一节记载：

"有鸟焉，其状如凫而鼠尾，善登木，其名曰絜钩（jié gōu），见则其国多疫。"

这种名叫"絜钩"的动物，长得像凫。凫是什么呢？就是绿头鸭，也就是野鸭。长得像绿头鸭，又善于爬到树上的鸭类动物，只能是树鸭。

树鸭为鸭科、树鸭属动物，它的叫声很尖，因此也被称作啸鸭。树鸭比家鸭小一些，喜欢栖息在树上，并在树上做巢，因此得名。国内分布于广西、广东、云南、台湾、海南、福建等地。

"见则其国多疫"，说明这种动物也能导致传染病发生。树鸭属于鸟类，而鸟类动物由于具有独特的飞行能力和极强的地理扩散能力，为某些传染疾病的快速传播和扩散带来了潜在风险，可传染的疾病包括禽霍乱、禽波特淋菌病、西尼罗河热、禽流感等。科学研究发现，墨西哥红嘴树鸭（Dendrocygna autumnalis）的粪便中有多种致病的革兰氏阴性杆菌和革兰氏阳性球菌。世界卫生组织曾宣布鸭子也是禽流感蔓延的一大隐患，认为鸭子也会和鸡一样会转移禽流感病毒。《山海经》中的相关记录，确非空穴来风。

《东次四经》太山中也有一种会传播疫症的动物"蜚"："有兽焉，其状如牛而白首，一目而蛇尾，其名曰蜚，行水则竭，行草则死，见则天下大疫。"这种长得像牛、名为"蜚"的兽类动物，是一种体形较大的哺乳动物。综合来看，这种动物应该是驯鹿。

驯鹿是鹿科、驯鹿属动物，别称角鹿等。国内分布于黑龙江、内蒙古等地。它的特征是角分枝很复杂，七上八下的。一般不会想到，驯鹿也会传染瘟疫。现代科学研究发现，驯鹿存在着有高传染性的致命疾病：结核病。人类中也有一种结核病，即肺结核，也是一种传染病。驯鹿的这种结核病在驯鹿中比较普遍。此外，研究者还发现，驯鹿还有一种被称作慢性消耗疾病（CWD）的传染病，这是一种由名为朊病毒的蛋白质错误折叠造成的疾病。鹿科中，包括麋鹿、驼鹿以及其他几种鹿在内的许多种类，都很容易受到这种病毒感染，被感染的动物多会在几个月内就病死掉。虽然目前还没有迹象表明人类吃了被感染的鹿肉后会得什么病，但科学家仍不建议食用。与这种病类似的是疯牛病，也是由朊病毒引起的，人类食用感染牛肉会被传染，迄今为止疯牛病已经让很多人失去生命。

《山海经》中还有关于疫病的记载，这里就不一一列举了。

中草药：古人如何对抗瘟疫？

有史以来，为了对付鼠疫、天花、霍乱、疟疾等瘟疫，我国中医药通过数千年的探索与代代相传，积累了很多宝贵的医疗经验。有医圣之称的东汉医学家张仲景，在总结前人经验基础上，结合自己医药实践，写出我国第一部治疗传染病的专著《伤寒论》。明代传染病学家吴又可撰写的《瘟疫论》，是我国中医传染学发展史上具有划时代意义的标志性著作，对后世传染病学的形成与发展产生了深远影响。

虽然古人并不十分清楚传染病发病的机理，但是当务之急显然就是治病，这是人类对抗疾病的本能，也是中医药发展的刚需。《山海经》中就记载了很多中草药，对应治疗多种疾病。这里简单介绍一些典型代表。

《西次一经》第十四山嶓冢之山提到一种名叫桔梗的植物，为桔梗科、桔梗属植物，多年生草本植物，根药用，含桔梗皂甙（dài），有止咳、祛痰、消炎等功效。第十五山天帝之山记录的杜衡，为马兜铃科、细辛属植物，气味芳香，有浓烈的辛辣味，全草入药，有祛风散寒、消痰行水、活血止痛、解毒之功效。第十六山皋涂之山提到的藁茇，现名藁本，为伞形科、藁本属植物，多年生草本，本属植物中有很多药用种类。刚才讲到的这几个草药在中医药中是比较常见的草药。

《西次四经》第八山号山也记录了好几种重要的中草药。其中名为"药"的正是白芷，为伞形科、当归属植物，为多年生高大草本，根入药，能发表、祛风除湿，用于治疗伤风头痛、风湿性关节疼痛及腰脚酸痛等症状，是常用的中草药。还有一味药名芎䓖（xiōng qióng），在《西次一经》中记作蘼芜，也是一种常用的中草药，为伞形科、藁本属植物，多年生草本，具浓烈香气，入药有行气开郁、祛风燥湿、活血止痛功效，用来治疗头痛眩晕、肋痛腹疼、经闭、难产、痈疽疮疡等疾症。

《中次一经》第一山甘枣之山有一种名为"箨"（tuò）的植物，可治眼不明昏花，这种植物就是决明，为豆科、决明属植物，它的种子叫决明子，有清肝明目、利水通便之功效，同时还可提取蓝色染料。

《中次五经》第五山条谷之山提到的冬，就是今天我们常用的中药麦冬，为百合科、沿阶草属植物，又称沿阶草。沿阶草这个名字的意思是这种草生长在台阶路边，很常见。麦冬入药有生津解渴、润肺止咳的功效。第十四山升山提到的寇脱，正名通脱木，为五加科、通脱木属植物，也叫通草，中药用通草作利尿剂，并有清凉散热的功效。

《山海经》中记载的中草药有很多，感兴趣的朋友可以自己去阅读和学习。

人为什么会生病？

我们知道，人之所以会生病，除了生理原因和外界伤害外，外界微生物侵入体内也会导致我们生病。但是，细菌与病毒实在是太小了，肉眼看不见，要借助显微镜甚至电子显微镜才能看到。古代的人们虽然感觉得到它们的存在，但不了解它们的真相，所以产生了很多今天看来是迷信的说法，如瘟病、瘴气、邪气侵体、阴气致病甚至是恶鬼缠身。中医治疗中说的行气开郁、祛风燥湿，也往往让很多学西医的人摸不着头脑。但中医讲求治疗疾病的整体观、系统性，而且中医药几千年的治疗史就是中医药的临床实践，这是近现代西医药远远不及的，也是中医药最宝贵的地方。西药是先找到活性物质，要经过临床验证，在人身上验证它的毒理、安全性和疗效，而中医几千年的用药实践就已经在人身体上实践过了，所以这种经验很宝贵。

新冠疫情就是由一种冠状病毒引发的。致病的新冠病毒侵入我们的肌体，迅速繁殖，在体内产生有害物质，主要损害我们的呼吸系统，还会破坏我们的神经系统，可导致呼吸困难甚至引发意识障碍，严重可致死亡。

我们应该了解，病毒主要是依靠活体才能生存。离开活体的病毒（所谓活体就是动物身体，包括动物和人类），在空气中或者干燥的物件上一般存活不了几个小时。新冠病毒在一些动物及人体中传染，而我们强调戴口罩、勤洗手，采用的是物理隔离的方法，就是要阻断病毒从感染者的口鼻、唾液传染到其他人身上。

我们还应该知道，虽然很多细菌和病毒是引发人类疾病的元凶，但并不是所有的微生物都是有害的，也有不少微生物是有益的。比如英国细菌学家弗莱明于 1928 年发现的青霉素，就是青霉菌的分泌物，能够抑制葡萄球菌等有害细菌的生长。青霉素的成功研制开创了用抗生素治疗疾病的新纪元。之后数十年间，链霉素、氯霉素、土霉素、四环素等抗生素不断产生，大大增强了人类抵抗细菌感染的能力，人类的平均寿命因此得以延长 10 年以上。

医药是一个专业性很强的领域，有着严格的用药规范。事实上，《山海经》涉及的地理、历史、文化、宗教、动植物、神话等多个领域，每一个领域的专业性都很强。显然，一个人要同时掌握这么多领域的知识非常难，要上升到专业的程度更难，所以，两晋时期著名文学家、训诂学家、风水学者郭璞在《注〈山海经〉序》中有这么一句看上去很孤傲的话："非天下之至通，难与言《山海》之义矣。"面对广博的《山海经》，我们一直都走在学习的路上。

羊桃和刺桐实为我国原产

中华民族地大物博,960万平方公里的国土,跨越了寒温带、中温带、暖温带、亚热带、热带等几个温度带,从北方到南方,从东部到西部,不仅地理、气候不同,物产分布也有很大的差异。

杨桃:《山海经》里的羊桃?

广东地处我国最南方,气候属热带和亚热带。广东有很多我之前没有见到过的水果。比如榴莲、百香果、毛荔枝、番石榴、番木瓜、蛇皮果、黄皮等,估计有些北方的朋友也不一定都见过这些水果。

阳桃(杨桃),现在已经算是一种比较常见的水果了。杨桃有点酸,说明其维生素含量丰富。但是,我当年第一次见到杨桃时感觉很新奇。拿着这个有五个边棱的水果,我有点局促,不知道要不要削皮,也不知道里面有没有核,该如何下口。

再后来，我竟然在《山海经》里也见到了它，再一次讶异了。

《中次十一经》第三十三山丰山是这样记录的：

"又东四十里，曰丰山，其上多封石，其木多桑，多羊桃，状如桃而方茎，可以为皮张。"

羊桃不正是今天阳桃（杨桃）吗？一个是绵羊的羊，一个是太阳的阳，但应该是同一种东西。

阳桃在《中国植物志》中是这样记述的：阳桃为酢浆草科、阳桃属植物，别称洋桃、杨桃、五敛子、五棱果、五稔等，为乔木。浆果肉质，有5棱，很少6棱或3棱，横切面呈星芒状，淡绿色或蜡黄色，有时带暗红色。果生津止渴，亦入药，有祛风利湿、消肿止痛功效。在中医药中用于治疗风热感冒、急性胃肠炎、小便不利、产后浮肿、跌打肿痛、痈疽肿毒等。

杨桃是舶来品吗？

很显然，除了名称发音相同外，阳桃的形状和功效和《山海经》的记载也是相符的。阳桃大小和桃差不多，外形5棱状，看上去比较方正而不像一般水果那样多为圆形，和经文"状如桃而方茎"大致相符。此外，阳桃有治疗浮肿的功效，正与经文"可以为皮张"（治疗皮肤浮肿）的功效一致。所以，我可以肯定，经文中记载的羊桃就是我们今天吃的阳桃（杨桃）。

但是，现代分类学认为，阳桃（杨桃）"原产马来西亚、印度尼西亚。现广植于热带各地"。意思是阳桃（杨桃）并不是我国原产，国内的品种是从东南亚引种进来的。

这一度让我很迷惑。如果《山海经》记载的羊桃确实是阳桃（杨桃），那阳桃（杨桃）就不是舶来品，应该是我国土生土长的品种。

不仅如此，我还发现其他品种的植物的"出生地"可能也被现在的植物学家误解了。

白蓉等于刺桐？

《南次三经》第十三山仑者之山有一种植物叫白蓉，经文是这样记录的：

"又东三百七十里，曰仑者之山……有木焉，其状如榖而赤理，其汗如漆，其味如饴，食者不饥，可以释劳，其名曰白蓉，可以血玉。"

这种名叫白蓉的植物，会滴下黑色的"汗"，这看上去很不可思议。这会是一种什么植物呢？我曾在《〈山海经〉动植物初证》一书中，将其释为白花槐。但最近我在研究《山海经》的地名山川时，反复推敲认为其不应该是白花槐，而是福建省泉州市的市花刺桐，一种与白花槐同科的植物。

刺桐与白花槐都是豆科植物，都是高大乔木，高可达 20 米。但白花槐是槐属，刺桐是刺桐属，差别还是明显的。刺桐是泉州的市花，也是路边最常栽种的行道树。然而，行人经常会抱怨路边的刺桐树会滴下黑色的油滴，掉在地板上，黏糊糊的，走起来会粘脚后跟，很讨厌。其实，这种从树上滴下来的黑漆漆、黏糊糊的"汗水"，是树上的蚜虫吃了含糖分较高的叶子后的排泄物，因含糖量很高，所以黏黏糊糊的，影响步行。我曾在昆明看到过清洁工人一大早在冲洗人行道，问了一下，就是因为路旁的槐树也会掉下这些黑乎乎的东西，老是粘住行人的鞋子，所以每天都要用水冲地。

除了"其汗如漆"这个特征，刺桐的其他特征也与经文相符合。刺桐树皮或根皮入药称海桐皮，对横纹肌有松弛作用，对中枢神经有镇静作用，有舒筋通络功效，与经文所说的"可以释劳"的功效相符。至于"血玉"，就是可以把玉染成血红色，刺桐树皮可以制备红色染料，应该也是有这个功能的。

我之所以将白蓉释为泉州的市花刺桐，还有一个重要的原因，即我推断"仑者之山"的方位正是泉州，而泉州的刺桐闻名于世，且各种性状都与经文记载的白蓉的性状相合。

刺桐是泉州的市花，享誉全世界。说它享誉全世界可不是夸张之辞。大家知道，800年前意大利旅行家和商人马可·波罗游历中国，写下了《马可·波罗游记》，其中就有泉州，有趣的是他在游记中将泉州称为Zaitun，就是刺桐二字的英语发音译写。

刺桐花花红似火，绚丽夺目。单个花朵就有一寸大小，花冠红色，花朵成对密集生长。这一大串一大串的花朵，繁茂似锦，引人注目。无怪乎当初浪漫的马可·波罗会用这种美丽的刺桐花代替泉州的名称。当然，也有可能当时泉州就叫刺桐，因刺桐得名。

但是，现代分类学家多认为，刺桐原产印度至大洋洲海岸林中，内陆亦多有栽植。意思是刺桐不是我国原产的，是后来从国外引种来的。面对古老的《山海经》的记载，再加上800年前马可·波罗游记的佐证，我倾向于认为至少我国东南地区是刺桐的原产地。

黎檬就是柠檬？

除此之外，《西次三经》第一山崇吾之山记载的一种"食之宜子孙"的植物，我认为也是对黎檬原产中国的佐证。关于黎檬是否是分类学上的品种，以及其原产地何在，都存在争议。美国植物学家施文格（W. T. Swingle）否认黎檬是分类学上的种，他推断黎檬是柠檬与宽皮橘类的杂交种，并将它归入柠檬，作为一个栽培品种。《中国植物志》认为，黎檬一名，远在900多年前在苏轼的《游记》里已提到。他是在海南岛看到白黎檬的，说明我国远在柠檬引进之前就已有黎檬。据此，施文格的推断不符史实。但《中国植物志》同时又认为，柠檬不是我国的土产，明、清两代的书册未见有柠檬的记载，说明它自国外引入的历史不长。我认为，尽管《西次三经》经文没有点出这种植物的名称，但从它长得像枳的外形以及"宜母子"的功效特征来看，基本可以肯定就是黎檬。若果真如此，《山海经》此处记载的黎檬，无疑是对《中国植物志》认为的我国远在柠檬引进之前就已有黎檬的相关说法的有力支持，甚至提示黎檬应该是我国原产。

瑞典著名生物学家卡尔·冯·林奈：动植物命名双名法

大家可能也发现了，同一种植物，在不同的时代、不同的地理位置或不同的民族语言中，有不同的名称或多个俗名，有的物种甚至有几十个俗称，这给人们认识、界定与比较动植物带来了很大的困扰。为了解决这个世界性的麻烦，生于1707年的瑞典生物学家卡尔·冯·林奈创立了动植物命名双名法（binomial nomenclature），较好地解决了这一难题。他其实是提出了一个系统的分类方法，即以界、门、纲、目、属、种的物种分类法（林奈分类时没有科这一分类）。根据这种方法，任何一种动物或植物，都可以归类到这个系统中。后来的科学家在此基础上，规范了动植物的命名方法，即每一个物种都有自己的拉丁文名称，由拉丁文的属名和种名两个部分构成。如此一来，世界各地任何一个物种，只需确定了拉丁名即属名和种名，各地研究者就知道了它的分类地位，再也不会出现混淆、搞错的情况了。

确定《山海经》中的动植物的名称其实也面临同样的问题。历史上先后也有一些专家对《山海经》中动植物种类进行过辨识，当时也确定了一些相应的名称，但随着时间的变化，后面的研究者又不知道前面的人说的物种是什么了。很显然，用现代分类学办法来研究与辨认《山海经》中的动植物，可能是彻底确认《山海经》动植物身份的根本办法。我希望更多的动植物分类学家加入《山海经》的研究中来，鉴定其中的动植物的终极身份，比较《山海经》时代与现代动植物的种类、分布等情况的异同，以发现更多的古今动植物的变迁信息，为中华民族乃至全球数千年来地理、气候、环境以及文明等发展与变化提供更多的参考信息。

这 就 是 山 海 经

令人目眩的毒鱼植物

中国有句俗话：凡药三分毒。意思是药可以治疗疾病，但也可能对肌体产生毒害。

中医药讲求的是整体观念。用药的时候，既要针对主要矛盾下猛药，同时也要考虑药物的危害，所以要搭配一些其他药物进行保护。一个好的中药配方是既能治病又不会对身体产生太大的伤害的。

哪些植物是有毒的？

然而，大千世界，植物就有几十万种，哪些可以食用，哪些可以入药，哪些无毒，哪些有毒但也可以做药都不是可以简单判断的，需要长期的实践与探索。这个过程很艰难，很多甚至要通过亲身试毒，在不断的失败与成功中，最终总结出经验或教训。传说中，三皇之一的神农（也有人认为就是炎帝）尝百草，就是亲身试药来鉴别植物的毒性和功效，为百姓谋福。

清代学者吴乘权《纲鉴易知录》中是这样记载的："民有疾，未有药石，炎帝以草木之滋，察其寒、温、平、热之性，辨其君、臣、佐、使之义，尝一日而遇七十毒，神而化之，遂作方书以疗民疾，而医道自此始矣。"这里就是说远古时候，人们生了病不知怎么医治，神农（炎帝）尝百草，了解各种草木的特性，开创了医道。可惜的是，传说中，神农本人最后死于剧毒植物断肠草。

断肠草是个俗称，不是分类学名称，而是指一类毒性大、可致人死亡的植物。查阅《中国植物志》，有这个俗称的植物有28种，其中罂粟科、紫堇属（Corydalis）植物占了17种，所以对紫堇属植物要小心，很多有剧毒。另外有伏毛铁棒锤（Aconitum flavum）、秋海棠（Begonia grandis）、牛角瓜（Calotropis gigantea）、白屈菜（Chelidonium majus）、鸡血七（Corydalis temulifolia subsp. Aegopodioides）、古钩藤（Cryptolepis buchananii）、钩吻（Gelsemium elegans）、密花素馨（Jasminum coarctatum）、椭果绿绒蒿（Meconopsis chelidonifolia）、狼毒（Euphorbia fischeriana）、羊角拗（Strophanthus divaricatus）等11种植物也被称为断肠草。

这些植物毒性特别大，误食后能引起呕吐等强烈反应，甚至夺人性命。其中有种叫作钩吻的植物，它的根刚离开泥土时有一点香味，多闻一会都会令人产生眩晕感。中科院西双版纳热带植物园研究员许又凯曾经告诉科技日报的记者，钩吻全株根、茎、枝、叶含有8种钩吻碱，毒性烈度近乎氰化钾一级，只需3至5毫克，或5至8个叶片就足以让一名成年人丧命，可见其毒性之大。

毒鱼植物

《山海经》时代，人们也已经发现，世界上植物种类非常多，但有毒的

这 就 是 山 海 经

植物也不少。《山海经》中记录了一些有毒的植物，其中有好几种可以毒鱼的植物，集中在《中山经》里。接下来就让我们来了解一下《山海经》中这些令人目眩的毒鱼植物。

《中次二经》第七山菱山记载有一种名叫芒草的植物："其状如棠而赤叶，名曰芒草，可以毒鱼。"这种叫芒草的植物，正名红毒茴（Illicium lanceolatum），也称莽草，别称葞（mǐ）、红桂、鼠莽、红茴香等，为木兰科、八角属植物。芒草虽然名"草"，其实不是草本植物，而是灌木或小乔木，高 3～10 米。芒草的花有红色、深红色，花型有点像棠类（即蔷薇科）植物，很漂亮。果和叶有强烈香气，可提芳香油，为高级香料的原料。历代本草认为芒草主治风症。其种子有毒，浸出液可杀虫、毒鱼，作土农药。

芒草也称莽草。《中次十一经》第二山朝歌之山也记录了这种植物："有草焉，名曰莽草，可以毒鱼。"指的是同一种植物。

《中次三经》第七山熊耳之山也记录了一种毒鱼植物葶薴（tíng nìng）："有草焉，其状如苏而赤华，名曰葶薴，可以毒鱼。"这种名叫葶薴的草本植物，俗称醉鱼草（Buddleja lindleyana），为马钱科、醉鱼草属植物，别称痒见消、鱼尾草、樚（lù）木、毒鱼草等。虽然也称醉鱼草，其实是一种灌木，高 1～3 米。醉鱼草的花很美，为穗状聚伞花序顶生，花紫色，有芳香气味，公园里常有种植，是优良的观赏植物。但要小心，醉鱼草全株有小毒，可用作农药，专杀小麦吸浆虫、螟虫及孑孓等，捣碎投入河中能麻醉活鱼，便于捕捉，故有"醉鱼草"之称。醉鱼草的花、叶及根也可入药，有祛风除湿、止咳化痰、散瘀之功效。

《中次四经》第五山柄山记录了另外一种毒鱼植物芨（bá）。经文言："有木焉，其状如樗，其叶如桐而荚实，其名曰芨，可以毒鱼。"从外形与功效上看，这种名为芨的植物，正是巴豆。巴豆为大戟科、巴豆属（Croton）植物，别称双眼龙、大叶双眼龙、江子、猛子树等，多为乔木或灌木。巴豆的果为蒴果，具 3 个分果丬（pán）。巴豆有大毒，属于热性泻药，可用于温肠泻积、逐水消胀以及涤荡肠胃中的宿食积滞和沉寒痼冷。巴豆有很强的杀虫抗菌能力，也常用于外疗疮疡，破积解毒，古人也用来毒鱼。

《中次五经》第二山首山也记录了一种叫芫的毒鱼植物："其阴多穀、柞，其草多茱、芫。"芫这种植物，今天还是叫这个名字，也写作杬，就是加了个木字旁，正名芫花（Daphne genkwa），为瑞香科、瑞香属植物，也称药鱼草、老鼠花、闹鱼花、头痛花、闷头花、头痛皮、鱼毒等。芫花是一种落叶灌木，花长得也很漂亮，可作观赏植物。花蕾药用，可治水肿和祛痰。芫花全株可作农药，煮汁可杀虫，灭天牛虫效果良好。芫花的根可毒鱼，东汉《说文·艸部》也记载了芫的这一特性："芫，鱼毒也。"

中国农业博物馆的李建萍老师，专门进行过有毒植物在毒鱼习俗上的利用研究。李老师也注意到了《山海经》中几种用于毒鱼的有毒植物。李老师还遍览了《周礼·秋官》、《淮南子》、《太平御览》之《药部》、《本草纲目》等古籍中关于毒鱼植物及相关方法的记载并进行了总结，除了《山海经》中已经提到的莽（芒）草、芫、巴豆、醉鱼草这几种外，李老师还综述了其他几种毒鱼植物：胡蔓草（马钱科钩吻属植物，笔者注，下同），蓼草（柳叶菜科丁香蓼属植物），荨麻（荨麻科荨麻属植物），薯蓣（薯蓣科薯蓣属植物），麻柳树（胡桃科化香树属植物），鱼藤（豆科鱼藤属植物），油茶（油茶科油茶属植物），小米柴（杜鹃花科珍珠花属植物）。至于她提到的一种叫狗颈藤的毒鱼植物，我暂且还辨认不出它的分类地位。

植物为什么能毒鱼？

这些植物之所以可以毒鱼，主要原因是它们含有有毒成分。如醉鱼草含有一种叫作醉色草甙（dài）的成分，具有轻微的毒性，可使鱼轻度中毒，好像醉酒一样，容易捕捞。至于巴豆，除了其种仁脂肪油中的巴豆树脂有强烈的致泻作用外，还含有一种毒性球蛋白（称巴豆毒素），以及一种类似蓖麻碱的生物碱，对中枢神经有作用。

我小的时候，曾经跟随父亲去毒过鱼。我们老家把毒鱼叫作闹鱼。除了讲闹鱼，也讲闹耗子。闹，就是毒的意思，用作动词。我记得我爸当时是拿了一瓶名叫鱼藤精的药水，是用一个棕色的瓶子装着，大概有500毫升的样子，然后用给篮球充气的打气筒，将药水先吸到打气筒里，然后再打到溪流的鱼洞里，把鱼闹出来。现在回想起来，那个鱼藤精，估计就是用鱼藤这种植物制作的。

鱼藤精有毒，父亲在家常常告诫我们不能喝。那个时候经济条件普遍不好，小孩子们看到能吃的都会控制不住地想拿来吃。比我长一岁的哥哥，就是在其他老师家里偷吃了桌子底下的瓜子，没想到里面有老鼠药，是人家用来闹耗子的。幸亏发现得早，把他拉到医院洗了胃才没出大事。

但我仍然很疑惑，这些植物能毒鱼是因为含有有毒成分，人吃了中毒的鱼，是不是也会中毒？从逻辑上讲，应该不会。因为如果会的话，人们就不会用这种方法去捕鱼了。《淮南子·说林训》里面有这么一句话："人食礜（yù）石而死，蚕食之而不饥；鱼食巴菽而死，鼠食之而肥。"这里的巴菽就是巴豆。这句话的意思是：人吃了有毒的礜石会死掉，但蚕吃了却没事；鱼吃巴豆会死掉，但老鼠吃了却会长肥。也许是因为不同生物的代谢过程与能力不一样，又或者鱼吃了毒鱼植物后，能把毒物分解转化成其他无毒的有机物。关于这一点，还是留给有兴趣的科学研究者来给出权威的答案。

总之，《山海经》记录了这么多毒鱼植物，说明那个时候人们对植物的认识已经比较全面与深刻了。我们可不要低估了古代劳动人民的智慧哦。

五谷杂粮、东巴文化与《山海经》祭礼

《左传》里面有这么一句话："国之大事，在祀与戎。"祀，就是祭祀；戎，就是打仗。在古代，祭祀与打仗是国家最重要的两件大事，祭祀甚至排在打仗的前面，说明人们很重视它。

作为古代国家地理志，《山海经》对祭祀也同样很重视。《山经》总共有26条次经，也就是26条考察线路，每一次经最末都有一小段小结性文字，除了《东次四经》外，其余的25条次经的小结部分都记载有祭礼，成为我们今天管窥远古祭祀规程的宝贵资料。

远古祭祀礼仪

以《南次一经》为例，经文是这样记载的：

"凡䧿山之首，自招摇之山，以至箕尾之山，凡十山，二千九百五十里。其神状皆鸟身而龙首，其祠之礼：毛用，一璋玉瘗（yì），糈（xǔ）用稌米，一璧稻米，白菅为席。"

基本上所有的次经的小结都是这样的格式，就是小结的前半部分文字是总结本次经总共有多少座山、行程总共多少里，后半部分重点记载祭礼。

《南次一经》这一段祭礼，记录得相对全面。我这里的断句和有些资料的不太一样，注解的意思也有些小的差别。这段话的主要意思是：祭祀用的神牌画像全为鸟身龙首的样子；祭祀的仪程是：毛用，即用牺牲（上供的家畜动物）；用一个璋玉，瘗即埋插起来；供饭，用馀米（糯米）；一壁（有的地方也称扁，俗称簸箕）稻米，就是装一簸箕稻米；用白菅即白茅草作为席子铺在地上。

《山经》25个次经所记载的祭祀规程，有的记得细致一点，有的比较粗略概括一些。总体而言，《山经》的祭祀主要包括以下内容：一是神谱；二是用毛即牺牲；三是埋插玉器；四是上供粮食，有的还用酒；五是用白茅草等作席；少数还记有歌舞表演等。

《山海经》的神谱看上去都很怪异，有"鸟身而龙首""龙身而鸟首""龙身而人面""人面牛身""羊身人面""人面蛇身""马身人面""人身龙首"等，都是一些人首兽身或和兽首人身的怪物。对此，我们暂且不表。我们由简到难，先从我们熟悉的东西谈起。

糈，祭神的粮食

这里我们最熟悉的，当然就是上供的粮食，《山海经》中称为"糈"，就是献给神享（飨）用的粮食供品。

现在人们已经很少拜神上供了，但我小时候有幸目睹过这些旧风俗。我小时候，算起来是20世纪七八十年代了，生活在云南偏远的乡村，那时候不少农村家庭里还保留着拜神上供的习俗。当时的家庭，客厅里会摆一张长条形的供桌，一般紧挨着面对着门的墙壁。供桌两边一般摆放两个花瓶，平时插着塑胶花，逢年过节时会插上茶花或其他鲜花。

过年是一年中最隆重、最热闹的节日。那时候，我们云南的风俗是要在堂屋地上铺上青松毛，年夜饭正式开席前，家里的男性家长要带着全家跪在松毛上，磕头、上香。供桌上会摆放一个香炉，还要供放一小碗糯米饭，给神吃的那个就是糈！

糈，就是用粮食祭神。《山海经》中的糈米都是常见的粮食。

《山经》中用得最多的是稌米，也就是糯米，包括《南次一经》《南次二经》《北次三经》《中次三经》《中次八经》《中次九经》《中次十二经》等，糈都是用稌米，和我的家乡一样。糯米是稻谷的一种，是稻的黏性变种。

《西次三经》用稷米作糈，《东次三经》中用黍作糈。稷与黍，有人说是同一种植物，有人认为是不同的种植物，那到底它们是不是同一种植物呢？《本草纲目》认为是同一种植物的不同品种：“稷与黍，一类二种也。黏者为黍，不黏者为稷。”这个看法与现代分类学的意见是一样的。稷与黍是同种（这个“种”字指的是分类学上的“种”）植物的两个品种。根据《中国植物志》的记录，稷（拉丁文名称为 Panicum miliaceum）就是黍，也称小米，为禾本科、黍属植物，是人类最早的栽培谷物之一，谷粒富含淀粉，供食用或酿酒。由于长期栽培选育，品种繁多，大体上分为黏或不黏两类，《本草纲目》称黏者为黍，不黏者为稷；民间也将黏的称黍，不黏的称穈。此外，也有人把高粱称作稷，清人王念孙说：“稷，今人谓之高粱。”

供饭也有用稻米的。《西次四经》用的就是稻米：“糈以稻米。”

“五谷”具体是指哪五种？

《山经》中用作糈的供饭也不是必须是哪一种，五谷都可以。《中次十经》记载：“糈用五种之糈。”《中次十一经》说：“糈用五种之精。”这里说的“五种之糈”“五种之精”指的是五谷，就是我们经常说的“五谷杂粮”。

大家平常也会说“五谷”，但具体是指哪五种呢？其实，关于“五谷”

的说法也不一样。东汉文学家王逸注释《楚辞·大招》的"五谷"为"稻、稷、麦、豆、麻也"。稻、稷我们上面讲了，麦，是大家熟悉的粮食，有大麦、小麦、燕麦等不同品种。豆很常见，细分起来品种有很多，分类学上约有 650 属、18000 多种，农业上的豆类作物有大豆、花生、蚕豆、豌豆、赤豆、绿豆、豇豆、四季豆和扁豆等。这里的"麻"不是芝麻，是大麻（Cannabis sativa L.），也称火麻，种子颗粒很小，可以吃。东汉儒学家郑玄注释《周礼·天官·疾医》中的"五谷"为"麻、黍、稷、麦、豆也。"东汉还有位经学家赵岐，他注释《孟子·滕文公上》中的"五谷"为"稻、黍、稷、麦、菽（shū）也。"菽，就是豆。《中次一经》第十四山阴山就提到一种植物"赤菽"，就是赤小豆。唐代医学家王冰注释《素问·藏气法时论》中的"五谷"为"粳米、小豆、麦、大豆、黄黍也。"这里的粳米是稻米的一种。稻谷一般分粳米和籼米。粳米米粒粗短，黏性较强，煮的粥饭比较绵软，常见的东北米、珍珠米、江苏圆米都属于粳米。籼米米粒细长，煮的饭比较松爽，市面上的丝苗米、猫牙米、泰国香米都属于这一类。总的来说，两广、福建等南方地区多种籼稻，北方多种粳稻。至于黄黍，就是稷，也称糜子，属于不黏的那种。

虽然"五谷"的说法不一样，但总体也差不多，基本上就是指稻、黍或稷、麦、豆、麻这几种，就是我们生活中的主食。可能是因为不同地方的地理、气候不同，当地人的主食或喜欢吃的主粮不一样，因此，对"五谷"的定义稍有不同。但不管怎么样，古代对待至尊的神灵，供上的都是最珍贵的五谷杂粮。至于具体用什么、怎么用，还是要根据当地的主产及生活习惯来决定。《北次二经》中有一句话叫"投而不糈"，即只撒米不供饭，就是与北方古代游牧民族"不火食"的生活习性相关。"不火食"，就是不常生火做熟食，所以祭神也不做供饭，直接投撒米粒。

东巴文化：纳西族保留的古老文化

《山海经》中用我们生活中最常见的五谷杂粮来祭拜神灵，让人感觉《山海经》其实还是很接地气的。不仅如此，如果你了解了东巴文化，就知道《山经》中看似神异的祭祀仪程也很接地气。

东巴文化是云南丽江一带纳西族保留的古代文化，主要包括东巴文字、东巴经、东巴绘画、东巴音乐、东巴舞蹈、东巴法器和各种祭祀仪式等。纳西族是古羌族的一支，东巴是纳西族的智者，掌管祭礼与文化，东巴文化因保存于东巴教而得名。东巴文字是一种古老的象形文字，它的文字甚至比甲骨文更原始，图画感更强。难得的是，我国汉字经历了数千年的变化，古老的文字只存于典籍、石刻以及龟甲等中，但东巴象形文字被称为象形文字的活化石，现在仍然在使用着、传唱着。当然，东巴象形文字的使用也是十分有限了，也面临着正在消亡的危机。

除了东巴文字，我们目前还能看到东巴保留着的古老的祭祀风俗，比如祭天、祭风、祭署、祭大神丁巴什罗等。东巴祭礼和《山海经》的记述如出一辙。

首先是神谱，东巴有专门描绘各种神谱的画册，东巴的神谱也大多是兽身人面或兽面人身的"怪物"，和《山海经》中记载的神谱是一个风格。

东巴祭祀中，供桌上也都要摆上牛头、羊头等牺牲，或用模具，就是用纸糊并画成牛头、羊头等。

在东巴祭祀现场，供桌上以及周边土里会插上一些课牌。课牌是一种用木板制成的圭形牌，外形和四川三星堆遗址以及金沙遗址出土的玉戈有点像，上面是尖的。

东巴课牌上画有神画像或神话故事。《山经》祭礼里都用了一个"瘗"字，意思是把祭祀用的玉璋、玉璧等埋起来，我看东巴课牌都是插在供桌两边的瓶里或者是装在谷物的簸箕里，有的也插在祭礼现场的土堆里，但不是埋在里面，是插在里面，上面绝大部分都是露出来的。我猜想《山经》祭礼应该也是这样，不是玉璧、玉璋等玉器整个埋到土里面去，而是插在土里或者其他地方。

东巴供桌上供的粮食，有米饭，有糯米饭，用小碗装好摆在神像前面的供桌上。

东巴做法事时，也常在地上铺上青松毛，这和《山经》讲的"白菅为席"异曲同工。

东巴祭祀中，也有围着现场诵经和唱跳的活动，俗称跳神。《中山经》中也记载有跳神的场景。《中次五经》中说："干儛（wǔ），置鼓。"这个"儛"就是跳舞。"置鼓"就是敲鼓。《中次九经》也有记载："干儛，用兵以禳（ráng）；祈，璆（qiú）冕舞。"禳，就是向鬼神祈祷以消除灾祸。这里跳的璆冕舞，"璆"是一种玉磬，"冕"指的是礼帽，但这种舞具体怎么跳现在已经搞不清楚了。《中次十经》记载："合巫祝二人儛。"说的是祭礼的巫祝两个人要跳舞祭神。

东巴祭礼与《山经》祭礼彼此相像

比对东巴祭礼与《山经》中的祭礼，我们会不会觉得两者很相像？确实很相像。

纳西族源自古羌族，东巴文化中除了至今仍保留着的象形文字和祭礼之外，还保留着一种古老的占卜习俗：羊胛骨卜。东巴文化研究专家戈阿干研究发现，东巴保存的羊胛骨卜和西安半坡文化的羊胛骨卜是完全相同的。

戈阿干在《东巴骨卜文化》一书中，写下了他当时看到半坡文化的羊胛骨卜时无比激动的心情："我从西宁转西安，于是年（1985年）9月5日在西安半坡陈列馆里，又目击一块有若干灸灼点的完整的羊肩胛骨。这块卜骨则与当今纳西东巴尚在使用的卜骨已没有什么两样，我又一次处在极度兴奋之中。半坡文化遗址存在的历史，据碳素测定已有五六千年之多。这就是说，在五六千年前生活于仰韶文化半坡母系氏族社会的中华民族先祖的骨卜形制或说技艺，已达到今天由纳西东巴传承的卜占水准……很多问号一时悬浮于我的脑海里。"

我在研究与比较《山经》祭礼与东巴祭礼时，也像弋阿干一样，感到无比兴奋与激动。现实生活中依然存在的东巴祭礼，与《山海经》中记载的祭祀如此相像，无疑为《山海经》的真实性提供了又一佐证。同时，我的脑海里也出现了更多的问号：东巴象形文字，东巴人面兽身、兽面人身的神谱画像，与《山海经》的神谱以及各种古怪的方国与人物极为相似，这又是一种什么样的关联呢？经过深入比对与大胆思考，我发表了"以图画象形文字思维解析《山海经》的怪诞方国"论文，以期让大家关注《山海经》与东巴文化的关联。

北京大学神话学和民俗学教授、《山海经》学术史专家陈连山认为，研究《山海经》要防止"文化自我中心主义"。他说，一生只经历一种文化的人很容易局限于母文化的价值观，并以之为唯一价值尺度判断其他一切事物，从而陷入所谓"文化自我中心主义"的泥坑。

我们在学习与研究《山海经》时，也要更多、更广泛地参考与借鉴中华各民族的文化遗存与传统习俗，以帮助我们更好地理解与解读古老的《山海经》中蕴藏的中国古代文化与文明真相。

那些美人与媚人的植物

爱美之心，人皆有之。现在的女性朋友，做个护肤美容，吃些保健产品，已经是很平常的事了。不过，当我看到4000年前的《山海经》就关注了美容时，还是有点出乎意料。

《山海经》中记载了哪些能美容的植物？

《中次三经》第二山青要之山，就多次提及美容植物与美人色的话题。

经文是这样记载的：

"又东十里，曰青要之山，实惟帝之密都……魓（shén）武罗司之，其状人面而豹文，小要而白齿，而穿耳以镰（jù），其鸣如鸣玉。是山也，宜女子。畛水出焉，而北流注于河。其中有鸟焉，名曰鴢（yāo），其状如凫，青身而朱目赤尾，食之宜子。有草焉，其状如蕺，而方茎、黄华、赤实，其本如藁本，名曰荀草，服之美人色。"

这一段话共有132字，对于《山海经》而言，这是少见的长段落了。《山海经》的记载都很简洁，力求精练、突出重点，很多段落仅仅是三言两语，像这么长的段落，确实不多。

仔细品味这一段话，风格与内容似乎和《山海经》其他记载也有些不同。虽然也同样是神异的风格，但其中有三个如今仍然存在的地名：青要山，畛河，还有"河"也就是黄河，这些地理名称如今都还在沿用，就在河南省洛阳市的新安县一带。青要山在新安县西北部，在和渑池县东北部交界的地方。畛河在新安县的中部，发源于青要山，整体上是呈东偏东北流向，最后注入黄河河道上的小浪底水库。黄河出了三门峡以后，在这里有一个大拐弯，黄河在新安县这一段，基本上是沿着新安县的北边由西向东最终流向大海的。青要山、畛河、黄河，这些现实中还存在的地名，会把我们从对神话的想象拉回现实，对《山海经》的信任度也增加了不少。

《山海经》中这一段文字很有些不同，不太像以往那么严肃、干练，而是透着一种轻松细腻的风格，有一种生活的气息。

经文提到一位神，名叫魒武罗，"魒"通"神"。经文是这样描写的："小要而白齿，而穿耳以镶，其鸣如鸣玉。""要"通"腰"，这里是在描述这位武罗神：小蛮腰，牙齿很白。这显然是在讲一位女神，一位漂亮的姑娘。可以看出，古代对女孩子的审美和今天一样，也注重细腰、白齿这些特征。这位女神也很会打扮，穿着耳洞并戴着耳环镶。镶，是古代的一种乐器，有点像钟，碰撞时会发出美妙的鸣玉之声。这位武罗神耳朵上戴着的这种耳环，估计是一种像小铃铛一样的东西。经文描写到这里，我们眼前似乎已经浮现出一位腰细齿白的美女，走起路来耳环叮当响，摇曳生姿。

经文接着说"是山也，宜女子"。意思是新安县的青要山，特别适合女子生活与居住。

经文还提到一种可养生的动物鹩："其中有鸟焉，名曰鹩，其状如凫，青身而朱目赤尾，食之宜子。"从经文描叙来看，这种名叫"鹩"的鸟，长得像凫（即野鸭），身体是青色的，眼睛是红色的，尾巴是红色的，根据这些外貌特征，可以推断这种动物为油鸭，正名黑颈䴙䴘（pì tī）。"油"与"䴘"音近，可能与得名相关。经文说"食之宜子"，意思是吃了这种䴘后，对怀孕妇女怀着的胎儿是有好处的。

石斛："食之美人色"

经文还提到一种对女人有益的植物荀草：

"有草焉，其状如葌，而方茎黄华赤实，其本如藁本，名曰荀草，服之美人色。"

葌，就是兰花。这种长得像兰花、名为荀草的植物有几个特点：方茎，茎杆是方的，不是像大多数植物茎那样是圆的；黄华，花是黄色的；赤实，果实是红色的。再加上根像藁本一样的，从这些外貌特征来看，荀草正是石斛。

石斛有很多种，经文记录的这种"黄花"的品种，正是药用价值最高的铁皮石斛（Dendrobium officinale），为兰科、石斛属的一种。铁皮石斛有很高的药用价值，具有强阴益精、平胃气、长肌肉、定智除惊、轻身延年等功效，有九大仙草之首的说法，不仅入药，现在还多作为保健食品，用于活气血，延年益寿，正可谓"食之美人色"。

我们知道，我国政府对药品、保健食品的管理是非常严格的。药品及中药材按药品管理，不得随便添加到食品中。保健食品也需要取得国家相关部门颁发的保健食品审批证书，而且只能按照批准的功效范围进行宣传，而功效范围也是有明确规定的，不能超范围宣传。对于那些传统上用作食品、又可入药的植物，即俗称的药食同源植物，国家通过食药物质目录进行管理。铁皮石斛已经被纳入食药目录，是一种既可入药又可以作为食品或加入食品的药食同源植物。

有段时间铁皮石斛特别火。我喝过铁皮石斛煲的养生汤，也喝过鲜石斛榨的汁，味道都很不错。但保健品不是药品，不是立马见效的，可能需要一定时间的调理和坚持才会看到效果。《山海经》中记载了这种"食之美人色"的蒪草，说明古代人民已经发现了石斛的保健功效。

蒪草："服之媚于人"

《中次七经》有两座山都记载了同一种可以美容轻身的植物：蒪草。第三山姑媱之山经文说：

"又东二百里，曰姑媱之山。帝女死焉，其名曰女尸，化为蒪草，其叶胥成。其华黄，其实如菟丘，服之媚于人。"

第十山泰室之山（就是河南登封少林寺那里）也提到这种蒪草：

"其状如茱，白华黑实，泽如蘡薁，其名曰蒪草，服之不昧。"

经文说这种叫蒪草的植物"服之媚于人"。媚的意思是美好、可爱，也就是这种草能让自己的爱人喜欢自己的美好姣颜。"服之不昧"，意思是吃了有益智力而不糊涂。结合上述两个地方都记载的蒪草的状貌与功效，可以推断这种名为蒪草的植物是玉竹（Polygonatum odoratum），百合科、黄精属植物，别称萎、地管子、尾参、铃铛菜、女萎等。玉竹的茎为根状茎，圆柱形，茎高20～50厘米，入药主要就是它的根状茎。花被黄绿色至白色，和经文的记载相合。浆果蓝黑色，和蘡薁果蓝黑色的色泽相近。从功效上看，医书认为玉竹的根状茎入药主治中风暴热，久服去面黑、好颜色、润泽、轻身耐老。简言之，正是女孩子们所追求的美白、瘦身、保持容颜的功效。

经文还有句话，看似神异，对我来说包含着一个非常有用的信息。经文言："帝女死焉，其名曰女尸，化为蒪草。"这看上去是一个神话，但这化为蒪草的"女尸"，很可能就是玉竹的别称女萎。"尸"古通"夷"，"夷

（尸）"的古音 ɣa 与"荽"古音 ïwa 非常接近，"女尸"当是"女荽"，也就
是菉草，今天多称玉竹。

黎檬：食之宜母子

《西次三经》第一山崇吾之山也记载了一种植物，吃了对怀孕妇女及胎
儿有益。经文言："有木焉，员叶而白柎，赤华而黑理，其实如枳，食之宜
子孙。"虽然经文没有点出这种植物的名字，但从描述的内容来看，这是一
种木本植物，结合其特征和功效，就是黎檬。我在前面提到过这种植物。

黎檬，也称为黎朦子、宜濛子、宜母子、里木子、宜母、药果、广东柠
檬等，为芸香科、柑橘属植物。黎檬的叶片是圆形或椭圆形的，与经文所
言"员叶"相合。花瓣背面淡紫色，与经文所言"赤华"相合。黎檬长得
很像枳，大小、形状都差不多。有些人可能不太熟悉枳，枳和柑橘的柑比
较像，大小也差不多，不过颜色要绿一些。最重要的是，黎檬之所以被称
为宜母子，是因为黎檬（以及柠檬）富含维生素，有下气、和胃、消食功
效，妇女怀孕初期胃闷呕吐时，食之可解，故有宜孕妇之称，并且入药，是
一种药材。如此看来，黎檬子、宜濛子、宜母子、里木子这些名称，可能
都是"宜母子"这种说法的文字表达。

《山海经》中人们对于健康美的追求

美，是能引发人们美感的客观事物的一种共同的本质属性。人的外在
美和健康是有直接关联的。匀称的身形、轻盈的体态、光泽的皮肤、红润
的脸庞，这些都是健康的体征，是健康的表现，是人们在长期的生活生产中
形成的健康审美标准，是有科学道理的。反之，如果看一个人，面色发黑
或过于苍白，身形过度肥胖或过度廋弱，体态痀瘘，走路蹒跚，不是得了急

症，也可能患有慢性疾病。

为了追求健康美，人们在长期生活实践中，也发现一些具有保持与促进健康之美的食物或药材，并总结形成了我国中医养生保健之道，成为我国中医养生的重要组成部分。《山海经》的相关记载，就是中国人民追求健康的最好例证。

"人民对美好生活的向往，就是我们的奋斗目标。"古人都有对健康美的追求，今天我们更不应该落后。我们国家提出了"健康中国"的发展战略，希望我们也都能形成健康的理念，养成健康的生活方式，不断推进"健康中国"的建设。

开轩面场圃，
把酒话桑麻

衣、食、住、行，是人生四件大事。衣，排在第一，是强调作为一个社会人，衣冠整齐是最基本的要求，同时这也是文明的象征。在这里，我们就着《山海经》，聊一聊那些与衣物相关的植物。

既然衣物是用布料做成的，织布的材料就很关键。现代化学工业极度发达，制作衣物的材料不再局限于天然材质，人工合成的化学纤维几乎占据了半壁江山。化学纤维是19世纪八九十年代发明的，是一种人工合成的高分子物质。在那以前，做衣物的材料全部取自于自然界，主要有棉、麻、丝、毛皮几个大类。

上古的布：丝或麻

在我国的古籍与传说中，人祖神农发明丝麻以制作衣物。《礼记·礼运篇》载，神农炎帝"治其丝麻，以为布帛"。《路史》亦云神农

"教之麻桑，以为布帛"。奇怪的是，上古的布一般指丝或麻，很少提到棉。有专家研究认为，棉花原产美洲墨西哥，19世纪末叶才传入我国栽培，传入我国的时间比较晚。我在《山海经》里也没有发现有棉花，可能我国古代确实没有棉花。所以，我们这里主要讨论一下麻与丝，这也是《山海经》里有记载的。至于毛皮，虽然也是制作衣物的一种重要原料，但不属于植物的范畴，我们这里暂且就不讨论了。

麻

《西次一经》第八山竹山提到了麻：

"有草焉，其名曰黄藿，其状如樗，其叶如麻。"

这里当然并不是直接记录麻这种植物，而只是在描述黄藿这种植物的时候，顺便提到了麻，是作为一种性状参照物。

麻，并不是分类学上的一个品种，而是指一类茎皮纤维较长可用于编织麻袋、搓绳索、编麻鞋等纺织材料的植物，如苎麻、黄麻、苘（qǐng）麻、大麻、亚麻等植物。这些植物不同科，差别还是比较大的。苎麻为荨麻科、苎麻属植物，据现有史料查考，我国苎麻的栽培与加工历史至少在3000年以上，有"中国麻"之称。黄麻为椴树科、黄麻属植物。苘麻为锦葵科、苘麻属植物。大麻为桑科、大麻属植物。亚麻是亚麻科、亚麻属植物。这些植物被称为麻，它们有一个共通之处，就是茎皮富含纤维，是制作麻料的好材料。

《中次十一经》第十三山依轱（gū）之山直接记载了一种名叫的"苴"麻类植物：

"又东南三十里，曰依轱之山，其上多杻（chǒu）、橿，多苴（jū）。"

这里所说的"苴"，就是大麻，也称山丝苗、线麻、胡麻、野麻、火麻等，为"五谷"之一。一年生直立草本，高1～3米。它的茎皮纤维很长而且坚韧，可以用作织麻布或纺线，制绳索，编织渔网和造纸。种子可食，可榨油，也可入药。

大麻这种植物很特别，它是雌、雄异株植物。我们知道，自然界绝大多数植物是雌雄同株的，就是同一株植物上有雌花（雌蕊）也有雄花（雄蕊）。只有少数像大麻这样的植物，雌花与雄花分别生长在不同的植株上，所以，就有了雄株和雌株的分别。古人对大麻其实观察得很仔细，他们已经发现了大麻有雄株和雌株的分别，并且把雄株大麻称为枲（xǐ），雌株称为苴。所以，古籍中的苴，准确地说指的是大麻的雌株。当然，古代可能也没这么认真，也没有必要非得把大麻雄株和雌株分得清清楚楚。

现代分类学认为，大麻原产锡金、不丹、印度和中亚细亚。但我国农学家宋湛庆则认为，大麻、苎麻和苘麻都是我国原产，中国是最早驯化、栽培和利用大麻的国家之一。我比较赞同这种看法。苴，这种植物，其实在很多古籍都早有记载。《诗·豳风》里有"九月叔苴"之句，《传》云：苴，麻子也。南朝《玉篇》也说：苴，麻也。《山海经》里明确提到了"苴"，而且也不加解释，说明这是当时非常常见、大家也都很熟悉的植物。

蚕丝

麻类植物富含纤维素，虽然韧性比较好，但也比较硬，穿着不够柔软舒适，而蚕丝就轻柔得多。

蚕丝是一种动物蛋白，是蚕结茧时所分泌的丝液凝固而成的连续长纤维，所以蚕丝并不属于植物。但是，要得到这种动物丝蛋白，首先要养蚕，而桑叶是蚕的主要饲料，养蚕先要种桑。因此，种桑业其实反映的是养蚕制丝业的发展，就像我们今天通过用电量就可以了解工业的发展情况一样。

传说中，黄帝之妃嫘（léi）祖是人工养蚕的创始者。《路史·后纪五》

记载："黄帝之妃西陵氏曰嫘祖，以其始蚕。"

《山经》中有多处提到了桑。《西次四经》第五山鸟山、《中次八经》第十二山大尧之山、《中次十一经》第三十三山丰山等都提到了"桑"，说明那时人们对种桑养蚕业是很重视的。

《中次十一经》第三十一山宣山则花了不少笔墨描述一种不同寻常的帝女之桑：

"其上有桑焉，大五十尺，其枝四衢，其叶大尺余，赤理黄华青柎，名曰帝女之桑。"

从外形看，这种桑树可谓高大威猛，比一般的桑树高大很多，叶子也出奇的大。这种桑树有一个霸气的名字，叫作帝女之桑。这种桑树品种，正是鲁桑（Morus alba），也称女（rǔ）桑，为桑科、桑属植物，是桑的一个变种。鲁桑为乔木或灌木，特别高大，树高 3～10 米或更高，胸径可达50 厘米。经文说它"大五十尺"，算起来五十尺合 17 米左右。鲁桑的叶子也特别大，长可达 30 厘米，也就是有一尺多长。鲁桑原产我国中部和北部，现东北至西南各省区、西北直至新疆均有栽培。

《中次十二经》第十三山阳帝之山也提到一种桑：

"其木多檀、杻、𣏟（yǎn）、楮。"

这种名为"𣏟"的，也是桑的一种，正名山桑（Morus mongolica Schneid. var. diabolica），为桑科、桑属的一种，是蒙桑的一个变种，别称莩（bì）桑、裂叶蒙桑。国内常见于山西、陕西、河南、四川、西藏等地。

植物染料：让衣服拥有色彩

种下桑、麻，养蚕织布，而衣服要好看，色彩很重要。染色也是制衣很关键的一步。古代也会利用不少植物来制作染料，《山海经》里也记载了好几种。

古代衣服最常染成的颜色是蓝色，蓝色深一点的称为青色。青色染料，有个专有名词叫靛，一般是从能制靛的蓝草中提取的。《荀子·劝学篇》有个名句："青，取之于蓝，而青于蓝"，就是借用从蓝草中提取青色染料这一过程打的比喻。

能制靛的植物不少。《天工开物》记载："凡蓝五种，皆可为靛。"就是说有5种植物，都可以制成深蓝色的染料，这5种植物就是蓼、菘、马、吴、木。蓼即蓼蓝（蓼科蓼属），菘即菘蓝（十字花科菘蓝属），马即马蓝（爵床科马蓝属），吴即吴蓝（暂不知其分类地位），木即木蓝（豆科木蓝属）。

《中次一经》第六山脱扈之山有种名为植楮的植物，经文是这样记载的：

"有草焉，其状如葵叶而赤华、荚实，实如栊荚，名曰植楮，可以已癙，食之不眯。"

"癙"这种病，就是瘰疬。依照经文描述的形状和功效，这种植物应是可做染料的马蓝。说到马蓝，可能很多人都不熟悉，如果提起它的正名板蓝（Strobilanthes cusia），很多人估计还是不熟悉，但如果我们说板蓝根，估计大家就都知道了。板蓝根就是用板蓝的根做成的药，有清热解毒、凉血消肿的功效，可用来防治流脑、流感，治疗腮腺炎、口腔炎、咽喉炎、扁桃体炎、肝炎、急性肠炎、肿毒、毒蛇咬伤等很多疾病，是生活中的常用药。板蓝根是板蓝的根制成的，但有的板蓝根是用菘蓝做的，有的还用蓼蓝，虽然这三种植物都可以制成蓝色染料，但它们的亲缘关系很远，在分类学上都不是同一个科的植物，长得也很不一样，却有着相同的功效，这倒是令人称奇了。

《中次四经》第三山釐（lí）山有一种植物蒐（sōu），可做红色染料。蒐，郭璞注为："音搜，茅蒐，今之茜草也。"茜草（Rubia cordifolia），为茜草科、茜草属植物，入药有凉血、止血、祛瘀、通经功效。可做红色染料。

《中次六经》第十一山橐（tuó）山记录了一种名叫楷（bèi）木的植物，正名盐肤木（Rhus chinensis），别称五倍子、五倍柴等，可以染黑色。

《山海经》中还记载了其他几种可染紫色的植物。《中次四经》第五山柄山提到的植物苏，也称紫苏（Perilla frutescens），可以作紫色染料。《西次四经》第二山劳山也记载了一种可以染紫色的植物，名茈草，今写作紫草（Lithospermum erythrorhizon），为紫草科、紫草属植物，根含紫草素，可入药，也可作紫色染料，也因此得名。李时珍说："紫草花紫根紫，可以染紫，故名。"紫草虽然可以染色，但需要加椿木灰、明矾等含铝较多的媒染剂方可着色。

在古代染色是如何进行的？

染色是一门工艺技术，并不简单。无论是麻还是丝，除了含有纤维外，还含有胶质和杂质，因此需要进行脱胶处理，有的还需要加入媒染剂，才能更好地着色。

我国古代很早期就已经设有"掌染草"的官职，《周礼》有"染人掌染丝帛"的记载。

《山海经·海外北经》中有这么一段看似奇异的记载："欧丝之野在大踵东，一女子跪据树欧丝。"有研究者将"欧"理解成"呕"，于是有的解读者就配出了一幅女子扶着树跪着吐丝的怪异插图。

其实，"欧"应当是三点水的"沤"，是用水浸泡的意思，正是除胶以备染色的一道工序。蚕丝染色前，需要经过"暴练"处理，即通过浸泡发酵，让胶分解，从而达到除胶的目的。根据《考工记磬氏》中记载，这"暴练"需要"以涗（kuàng）水沤其丝七日，去地尺暴之"。这个涗水就是富含碱性的植物灰汁，把丝织品浸在里面沤七天，可以将其纤维外的大部分丝胶除去，有利于着色。但总的来讲，丝绸即使着色，但黏着性还是不太强，容易褪色。

20 世纪七八十年代，我还在家乡见过古法染布。一个大大的染缸，散发着一股特有的气味。染布师傅两个手掌常年是青蓝色的。布帛放在染缸里要泡很久，反复搅动才能均匀着色，而且染好的衣服穿在身上很容易就褪色返白了。

现在，这些古老的技法一个一个被逐渐淘汰掉了。人造纤维，织布机，化工染色，流水线剪裁制衣厂，全部都是机械化流水线作业。现在制作一件衣服很容易，速度很快。整个社会正在高速度、快节奏地发展着，我感觉人也像高铁上的一颗螺钉，和高铁一同快速地飞奔，都很难有时间静下心来读一本好书，聊一聊诗和远方。

写到《山海经》的桑与麻，忽然间想起唐朝著名山水田园派诗人孟浩然的诗《过故人庄》："故人具鸡黍，邀我至田家。绿树村边合，青山郭外斜（古音 zia）。开轩面场圃，把酒话桑麻。待到重阳日，还来就菊花。"这倒让我有点怀念起小时候的乡间田野，炊烟袅袅，鸡犬相闻，怡然自得，淡泊宁静。真希望我们在兼顾发展的同时，也能够多关注一下我们的传统文化，多了解一些像《山海经》这样的古代优秀书籍。

蒿与了不起的屠呦呦

作为古代国家地理志，《山海经》不记录平凡之辈。但是，蒿作为一种很不起眼、非常普通的植物，却入选了《山海经》。这又是为什么呢？

不起眼的蒿为何入选《山海经》？

《中次六经》第十一山槖山是这样记载的：

"又西五十里，曰槖山，其木多樗，多 木，其阳多金、玉，其阴多铁，多萧。"

这个"萧"，就是蒿。郭璞注释说："萧，蒿，见《尔雅》。"郝懿行的注释是："《尔雅》云：萧，萩（qiū）。郭注云即蒿也。"郝懿行的这个注释好像在纠正郭璞的注释，但他也没有否认萧就是蒿。《山海经》的经文中对"萧"没有过多的注释，估计也是因为这种植物十分平常，大家都认识，所以无须多言。

蒿，确实很普遍，而且分布广泛，几乎是随

手可得。李白的《南陵别儿童入京》一诗中有两句特别狂放的诗句："仰天大笑出门去，我辈岂是蓬蒿人"。这个蓬蒿，也称蒿蒿，是蒿中最常见的品种。"蓬蒿人"就是平凡人、普通人的意思，是用蓬蒿这种平常、普通的植物来指代平常、普通的人物。

蒿，为菊科、蒿属植物的统称。蒿属植物种类也非常多，全世界有300多种，我国有186种，遍布全国，西北、华北、东北及西南省区最多。事实上，《山海经》是很强调实用性的，蒿能入选《山海经》，自然也是有过人之处的。蒿属植物多数种类有浓烈的挥发性香气，许多种类可以入药，少数种类供食用，有很高的实用价值。

艾草

很多人都熟悉的艾草就是蒿属植物的一种。

艾是一种古老的植物，有很多称号。《尔雅》《本草纲目》中称其为艾蒿，《神农本草经》称为白蒿，还有阿及艾（江苏南部种子植物手册）、家艾、艾叶、陈艾（中药的俗称）、祁艾（河北）、艾蓬（江苏、江西、上海）、五月艾（福建、广东、四川）、黄草（台湾）、野艾（湖北、湖南、广东、四川）、火艾（云南）等称呼。按照现代植物分类方法，艾属于菊科、蒿属、蒿亚属、艾组植物。

艾草可以食用。我小时候，母亲会做一种艾蒿粑粑，让我们去田埂边摘一点艾蒿嫩叶，和面粉混在一起油炸，特别的香。广东人喜欢将艾草的嫩叶磨碎，和糯米、米粉混在一起，做成青团蒸着吃，不仅美味还有保健功效。

艾草晒干以后特别容易点燃，所以艾草常用作助燃剂。古代钻木取火曾用艾草作为助燃剂，利用钻木发热产生的火星引燃艾叶。我小时候在乡下曾见过农民叔叔用打火石取火点烟，就是把艾叶包在打火石包上，撞击打火石产生火星来点燃艾草。

艾草在中医养生中有一个最经典的用法，称为艾灸。艾灸就是点燃艾草，不过要用暗火，沿着身体的穴位与经络进行熏烤。当然，要特别小心火星烫伤。也有的将艾草或磨成粉加热泡脚、泡浴等，以达到温阳通络的作用。由于艾草中含有多种挥发油、脂肪、有机酸及生物碱，艾灸被认为是一种很好的保健方法。艾草也是一种药材，入药有消炎、止血、温经、解表、抗疟及利胆等功效，对多种霉菌、球菌、杆菌有抑制作用。我国人民使用艾草进行养生保健的历史已经有超过上千年，其中湖北蕲春的艾草入列《本草纲目》，被称为"蕲艾"，质量非常好。

屠呦呦与青蒿素

因为时代科技发展的局限，古代人们虽然已经发现有些药物有很好的治疗效果，有些治疗与保健办法确实很管用，但不知机理，也说不清楚是什么原因，也没有像西医那样精确找到真正发挥作用的分子式或生物结构，这在一定程度上限制了中医药标准化、规范化的发展。尽管如此，仍不可否认，中医药中蕴藏着医药发展的巨大机会。

我们这里谈论的蒿，这种其貌不扬、最普通的植物，没想到在当代竟一炮而红，成为中医药创新药最精彩、最杰出的案例与代表。

大家知道，2015年，我国药学家屠呦呦成为第一位获得诺贝尔科学奖项的中国本土科学家，这个科学界的至上荣誉，和我们这里谈论的蒿直接相关。以屠呦呦为首的科学家们，正是从蒿中提炼出一种名叫青蒿素的化合物，并成功地开发出现代抗疟药品，为全世界人民抵抗疟疾做出了卓越的贡献，也为我国传统中医药现代化发展作出了表率。

疟疾是一种全球性寄生虫病，它是由疟原虫引发的。疟原虫非常小，寄生在人体血红细胞中，破坏红细胞、免疫系统及其他器官，严重可导致死亡。疟原虫是一种虫媒传染病，一般是通过蚊虫叮咬传染，也有的是在输血时输入了带有疟原虫的血液从而引发了感染。所以，疟疾盛行于蚊虫多的热带、亚热带地区。20世纪末，每年有近百个国家受累，有近3亿人感染，有近百万人因此死亡。

1969年，我们国家出于战略发展需要，授命屠呦呦等科学家们开展中药抗疟科研工作。屠呦呦他们接受研发任务后，首先从我国历史上关于治疗疟疾的本草资料入手，广泛收集、整理历代医籍古方，查阅群众献方，请教老中医专家，寻找治疗疟疾的线索。

我国也是历史上疟疾高发的地区，因此中医药对于这种疾病也是高度关注的，记载了很多治疗疟疾的古方。为了找到直接有效的抗疟药物，屠呦呦等科学家们收集到了包括植物药、动物药、矿物药在内的2000多个古方药，并在此基础上精选了640个方药。特别是其中利用青蒿来治疗疟疾的方法，引起了科学家们的重点关注。东晋医药学家葛洪《肘后备急方》中，有青蒿截疟的记载："青蒿一握，以水二升渍，绞取汁，尽服之。"意思是取一把鲜嫩的蒿，用两升水浸渍，然后绞揉取汁全部喝下，以治疗疟疾。宋朝的《圣济总录》，元朝的《丹溪心法》，明朝的《普济方》等均有"青蒿汤""青蒿丸""青蒿散截疟"等记载。明朝的李时珍在《本草纲目》中不仅收录了前人的经验，还载有治疗疟疾寒热的实践。

虽然古方有截疟的记载，但要在中药特别是复方里找到抗疟最直接有效的活性成分，不是大海捞针也差不多是小河捞针。屠呦呦等很多科学家们，做了无数个实验，排除了无数种无效成分，终于发现是蒿属植物黄花蒿的叶子含有抗疟活性成分——青蒿素，并设计了以低温提取的研究方案，果然发现青蒿乙醚低温提取物对鼠疟模型有较高的效价，并于1973年确定了青蒿素的分子式为 $C_{15}H_{22}O_5$。

需要说明一下，这个抗疟活性成分虽然叫青蒿素，但并不是从青蒿中提取的。蒿类植物中有一种名叫青蒿（拉丁文学名是 Artemisia carvifolia）

的，又称草蒿、廪蒿、茵陈蒿、邪蒿、香蒿等，为菊科、蒿属、蒿亚属、艾蒿组、黄花蒿系植物，这种植物虽然名为青蒿，但并不含有抗疟的青蒿素。具抗疟功效的青蒿素是从另外一种蒿属植物中提取出来的，这种植物叫黄花蒿（拉丁文学名叫 Artemisia annua），也称草蒿、青蒿、臭蒿、苦蒿等，和青蒿一样，也是黄花蒿系植物，但品种不同。简单地说，青蒿中没有青蒿素，黄花蒿中才有青蒿素。

古籍中蕴藏着巨大的医学资源宝藏

古代分类方法没有如今这般细致、科学。古人确实发现了蒿的嫩叶可以抗疟，但具体是什么品种的蒿，估计尚未能分辨得那么清楚、细致。我们可以想象古人在制作抗疟青蒿汁、青蒿汤、青蒿丸这些药的时候，如果采到了黄花蒿效果就会明显，如果是用了青蒿，估计效果就会差很多。所以古代药方中确实有青蒿抗疟的认识，但治疗疟疾的效果并不太稳定。

自然界就是这么神奇，一些植物品种的基因非常接近，但所含有的药效成分并不一样。甚至同一品种植物种植在不同地方，或者种植在同一地方但因季节或阳光的不同，其中有效成分的含量往往也不一样。所以，中草药的标准化一直是个问题。

由于屠呦呦等科学家们的伟大发现与发明，21 世纪开始，全球有疟疾流行的国家或地区陆续使用以青蒿素为基础的联合疗法（Artemisinin-based Combination Therapy，ACT）治疗疟疾，全世界有超过 200 万的人口得到医治拯救。为了表彰屠呦呦的卓越贡献，2011 年，屠呦呦获美国拉斯克基金会的临床医学奖。2015 年，屠呦呦获瑞典诺贝尔生理学或医学奖，颁奖词是这样写的："从中医药古典文献中获取灵感，先驱性地发现青蒿素，开创疟疾治疗新方法。"2017 年，国务院授予屠呦呦国家科学技术奖。2019 年，屠呦呦荣获中华人民共和国最高荣誉勋章——"共和国勋章"。

屠呦呦的成功，给了我们一个重要启示：我国古籍中蕴藏着巨大的医学资源宝藏。《山海经》作为我国最古老的地理志，其中也记载了不少药用植物。研究《山海经》等古籍中的中医药信息，深入发掘中医药宝库中的精华，"传承精华，守正创新"，推进中医药现代化，一定可以让中医药走向世界，为中国乃至世界医药发展、造福全人类健康做出更多、更大的贡献。

寻访梅兰竹菊

四君子

有这么一句很文艺的话：文字不能到达的地方，诗歌可以。面对一种植物，我们理科生的解决办法是认真、严谨地运用性状、颜色、粗细、质地等客观标准，一一描述植物的外貌特征与性状功效，而文人则不同，几句简洁、轻盈的诗句，就让一幅动人的场景浮现出来了，很可能就能引发了人们的真情共鸣和无限感怀。

"墙角数枝梅，凌寒独自开。遥知不是雪，为有暗香来。"这首诗是北宋政治家、文学家王安石的《梅花》，我们读这首诗的时候，仿佛看到了凌雪盛开的梅花，似乎还闻到了梅花的一缕花香，让人浮想联翩，思绪悠远。

在我国，梅、兰、竹、菊有"四君子"之美誉，而居首的梅花，又有中国十大名花之魁的称号，并与松、竹并称为"岁寒三友"。严寒之中，万物凋零，梅首开百花之先，独步天下而春，正是我中华民族高洁、顽强、谦逊的人格写照，因此，梅花深受国人的喜爱与推崇。

这 就 是 山 海 经

梅花

《山海经》中，我们也多次看到梅的身影。《中次八经》第十三山灵山提到了梅："其木多桃、李、梅、杏。"《中次九经》第二山岷山、第四山崌山、第九山岐山也都记载有梅。

梅，今天依然还在叫着这个名字，别称青梅、梅子、酸梅等，为蔷薇科、杏属植物，和杏亲缘关系很接近。梅是一种小乔木，高4～10米。梅的果实叫梅子，近球形，黄色或绿白色，被柔毛，可食，味酸，盐腌制或制成果干。还可以熏制成乌梅入药，有止咳、止泻、生津、止渴之功效。花、叶、根和种仁均可入药，鲜花还可提取香精。

在《山海经》的记载中，梅是与桃、李、杏并列的，也是作为水果或果脯。广东这里梅子很多，一般是做成各种食品或果脯。如果作为水果，我觉得过于酸了。

梅在我国各地均有栽培，但以长江流域及以南各省最多。《中次九经》有三个地方记载了梅，而《中次九经》的地理范围正是长江流域一带，这和梅的分布范围倒是一致的。

不少研究者认为，《中次九经》的行程范围主要在四川盆地，大抵是西起成都平原西南部的岷山山脉，沿四川盆地北部、大巴山南麓、长江一带，最后抵达湖北宜昌西部。我国古代是用四面、八方的思维来管理国家。参考《尚书》记载，尧舜禹时代，把国家大体上划分为南、西、北、东、中五个部分，中央范围可能是由帝王亲自领导，南、西、北、东可能是由"四岳"即四方主管官员来协助管理。《山海经》也体现了这种思维，《山经》分为《南山经》《西山经》《北山经》《东山经》和《中山经》五大部分（也就是《山经》所称的五藏）。其中，《中山经》记录的也是以洛阳为核心的中原地区，应该就是帝国的中心范围。奇怪的地方在于，成都平原位于我国西南地区，为什么会被纳入《中山经》中，而且还命名为《中次九经》

呢？我们知道，古代讲求"九五至尊"，九和五都不是一般的数字，一般指代帝王。

这不得不让人产生一些想法。四川盆地至少有两个可能的关联：一是可能与帝禹的故乡有关。传说中，主持编撰《山海经》的大禹，生于四川石纽，就是汶川一带。大禹治水成功以后，深受帝舜赏识，后来承继了帝位，开创了夏朝。成都平原被纳入《中山经》，会不会因为这里是夏禹的故乡？另一个关联，可能与成都古老而辉煌的三星堆遗址文化有关，三星堆遗址文明的灿烂与辉煌，并不亚于殷墟遗址，但它的来源与传承之谜尚未解开。有很多专家推测可能与夏、商帝国有关联。我觉得《山海经》里也有一些线索，应该重视起来并深入研究。

兰花

《山海经》中的兰花是什么样的？

兰花属于兰科、兰属植物，种类非常多，我国兰花的种类就有 1200 多种，在各省份地区都有分布。

兰花在《山海经》中有蕙、菅（jiān）、葌不同的名称。《西次一经》第十四山、《西次二经》第十五山、《中次五经》第十四山都提到蕙。《西次一经》第十五山天帝之山中提到"菅"，与"蕙"并列，是两种植物。《中次十二经》第七山洞庭之山提到葌，《中次一经》第十山吴林之山有葌草，郭璞注葌为"亦菅字"，看来古代菅与葌音同并且互为通用。

中国古代兰花常以兰蕙通称之。兰和蕙，一般是按照萌出（或叫抽出）的花箭来区分：一茎生出单花者称为兰，而一茎生出多枝花者称为蕙。事实上，现代分类学研究发现，简单地以花箭是否单一来区分兰花并不科学，因为同一种兰花，有的是单茎生花的，也有多茎生花的。但民间不需要这么严谨，还是按照花箭多少区分兰与蕙。

惠，也称蕙兰，又称中国兰、九子兰、夏兰、九华兰、九节兰、一茎九花、一品九命等。因为多茎生花，花朵簇拥，特别是现在培育和引种的大花蕙兰，花朵特别大，有一种牡丹的华贵之气，深受大家喜爱。但是，中国人对兰花的审美，崇尚的并不是繁华，而正是兰花清瘦的花枝、淡雅的花色和清幽的香气，有一种清而不浊的孤傲，并把兰花看作高洁典雅的象征。

竹子

兰花的这一点亦如竹子。估计很多人都没见过竹子的花，但竹子的高洁历来为文人墨客推崇。宋代著名词人苏轼有一句千古名句："宁可食无肉，不可居无竹。"把竹子的高洁脱俗推送到了极致。

竹，是禾本科竹亚科植物的统称。禾本科植物是草本植物，因此，严格来说竹子是一种草。这种草虽然中空，但木质极坚，比许多木本植物都长得高。竹子的种类非常多，我国有25属，250多种。南朝诗人、植物学家戴凯之专门著有《竹谱》一书，记载了61种竹子。

《山海经》中也多次都提到了竹，这里介绍几个有明确名称的竹子。

《西次一经》第七山英山中记录了两种竹：箭和篃。箭，即箭竹，为箭竹属（Fargesia）植物的统称。箭竹相对较小，竿丛生或近散生，笋可食用，古时常用作箭杆，估计也是这样得名的。篃（mèi），即箬（ruò）竹，为箬竹属（Indocalamus）植物的统称，又称辽叶、辽竹、粽巴叶、若竹等。箬竹也是一种小竹子，秆比较细，但叶片比较大，可用做粽叶、斗笠等衬垫，亦可用来包裹粽子。其笋可食用。

《中次十二经》记录的竹子最多。第二山云山提到有一种桂竹："**有桂竹，甚毒，伤人必死。**"竹亚科中确有一种竹子叫桂竹（Phyllostachys bambusoides），即《中次十二经》第四山丙山中的筀竹，为刚竹属植物，但无毒，我不知道这里所称的"桂竹"是指何物。第三山龟山有扶竹，即邛竹、罗汉竹，为筇竹属（Qiongzhuea）植物，是一种中小型竹子，分布于湖北、四川、贵州和云南等省。第八山暴山还记录了另一种竹子：箇。结合郭璞、郝懿行等注释，我推测这种竹子可能是赤竹，属于赤竹属（Sasa）植物，杆色赤黑，也是一种小竹子。

菊花

《山海经》中有关竹子的记载非常多，而且还细分到品种，但作为花之"四君子"的菊花，仅录入一例。《中次九经》第一山岷山的女几之山提到了菊："其草多菊。"菊，为菊科植物的统称，种类非常多。今天已有 1000 余个菊花品种，菊是所有花卉中品种最多的一个种。菊花开在深秋，怒放于群芳凋零之际，人们看到的是它的铮铮傲骨，这也正是我们中国人所崇尚的人文品格。陶渊明的"采菊东篱下，悠然见南山"，拨动了人们向往恬静与淡泊的心志。

梅、兰、竹、菊，低调且不奢华，但骨子里都有一种傲气，这与我们中华民族朴素、隐忍、坚强的品格相互印证。这也让我联想到《山海经》，历经数千年风雨依然流存，它承载的远古历史气息，好似山中幽远的兰香，又如寒冬迎雪盛开的梅花，更像竹子中空却不低头的气质，亦如菊花独立深秋的凛然，虽面对诸般误会曲解，但始终砥砺前行。

我国古代文化研究正迎来前所未有的好时代，《山海经》研究也正迎来最好的时机。我坚信，《山海经》恢复其古代国家地理志身份、重登经典大雅之堂的日子也不会远了。